말하기를 연습하는 책

Easy speech

말하기를 연습하는 책
Easy speech

초판 1쇄 | 2007년 5월 17일
초판 4쇄 | 2010년 4월 10일

지은이 | 서울대 스피치커뮤니케이션 동아리 '다담'
발행인 | 김태웅
기획 · 편집 | 김연한
디자인 | 안성민
영업 | 권혁주, 나재승, 정상석, 서재욱, 김승인, 정윤성, 김지원
제작 | 현대순

발행처 | 상상공방 · 동양문고
등록 | 제 10-806호(1993년 4월 3일)
주소 | 서울시 마포구 서교동 463-16호 (121-842)
전화 | (02)337-1737
팩스 | (02)334-6624
홈페이지 | http://www.dongyangbooks.com

ISBN 978-89-8300-543-4 13320

말하기를
연습하는 책

서울대 스피치커뮤니케이션 동아리 '다담' 지음

Easy speech

상상공방 | 동양문고

목차

서문

〔말하기를 통한 세상과의 소통, 다담〕

서울대학교 최초의 커뮤니케이션 동아리 다담이 태어난 것도 벌써 2년이 되었습니다. 그리고 이제 다담의 활동분야인 '말하기'를 주제로 한 첫 책을 발간합니다. 다담의 첫 책을 쓴다는 진중한 부담과 기쁜 마음을 가지고 집필을 시작하였지만, 글을 쓰기 위한 기초 자료들을 모을 때부터 책의 원고를 마무리하는 지금까지도 제 머릿속을 맴돌고 있는 한 가지 이야기가 있습니다. 그것은 소크라테스에 관해 전해지고 있는 일화입니다.

아테네의 철학자 소크라테스는 어느 날 친구 카일레폰을 통해 델포이의 신탁을 전해 듣게 됩니다. 그 신탁의 내용은 이런 것이었습니다. '아테네에서 가장 많은 것을 알고 있는 사람은 소크라테스이다.' 이 말을 들은 소크라테스는 깊은 고민에 빠지게 됩니다. 왜냐하면 소크라테스는 스스로가 아는 것이 별로 없는 사람이라고 생각하고 있었기 때문입니다. 그래서 소크라테스는 델포이신탁이 틀렸음을 확인하기 위해 지식이 많다고 소문난 정치가와 작가 그리고 장인들을 만나고 다녔습니다. 소크라테스가 만난 그들은 자신들이 남들에게 말해 줄 수 있는 많은 것을 알고 있다고 생각하고 있었으며, 자신들이 얼마나 많은 것을 알고 있는가에 대해 소크라테스에게 이야기 합니다. 하지만 소크라테스가 보기에 그들은 아는 것이 별로 없었습니다. 그래서 소크라테스는 생각합니다. '나는 내가 아는 것이 별로 없다는 것은 알고 있는데 이들은 자기가 모른다는 사실조차 모르고 있구나.' 플라톤이 지은 '소크라테스의 변명'에 나오는 이야기입니다. 책을 쓰기 위해 한 페이지 한 페이지 적어 내려가며 제가 가장 많이 느꼈던 것은 '참 아는 것이 없다는 것'이었습니다. 마치 소크라테스 앞에서 일장 연설을 늘어놓았던 정치가와 작가 장인들처럼 말이지요. 지난 집필기간 동안 찾을 수 있는 자료들을 열심히 찾고, 될 수 있는 한 쉬운 문장을 만들기 위해 알고 있는 것들을 짜내고 재구성해가며 썼지만, 원고를 거의 마친 지금은 다시 좀 더 담지 못한 아쉬움이 남습니다. 이 책은 보다 나은 말하기를 하기 위해 다담에서 연습하고 있는 방법들과 실생활에서 마주치게 되는 말하기 상황들에 대해 다루고 있습니다. 비록 작은 티끌만한 가치를 지닌 책일지라도 보시는 분들에게 도움이 되었으면 좋겠습니다.

마지막으로 이 책이 세상에 나올 수 있도록 도와주신 동양문고 김태웅 사장님께 감사드립니다. 또한 이 책이 만들어질 수 있도록 여러 가지 도움을 준 다담의 현상이형 대철이 도형이형 나림이 혜영이 종웅이형, 제 뒤를 이어준 회장들 수진이 종혁이에게 고마움을 전합니다. 그리고 여기 미처 다 적지는 못했지만 마음속으로 언제나 기억하고 있는 다담의 모든 회원들에게 감사의 마음을 전합니다.

다담 2대 회장 양 현 모

추천사

자신의 말 속에 세상과 타인을 다 담아내기를…

우주에 떠다니는 모든 별들은 대단한 굉음을 내고 있다고 한다. 인간의 귀에 들어올 만한 음폭을 넘어서기 때문에 우리는 그 별들의 소리들을 들을 수 없다고 한다. 별들끼리는 자신들이 내는 소리를 들을 수 있는 걸까?

세상에 사는 우리도 우주의 별들과 같다. 만날 듯 만날 듯 자전하며 공전하는 별들처럼 자신의 소리를 내며 세상을 살고 있다. 한 인간과 다른 인간이 소통으로 진정 만날 수 있는 것일까… 가끔 의문이 들 때가 있지만 그렇다고 소통을 포기할 수는 없다. 학문을 하는 데에도 탱고를 추는 데에도 소통이 필요하다.

인간 소통의 보편적 방법은 말을 통해서이다. 예술도 소통이고 모르스부호로 교신하는 것도 소통이지만 소통의 수단이 아무리 다양해지고 기술적으로 발전한다 할지라도, 소통의 중심부에서 말이라는 수단을 지우기란 요원해 보인다. 그러나 너무 당연해서인지 너무 쉽다고 생각해서인지 말은 자신의 역할에 비해 폄하되어 왔다

말하기는 아직 우리 사회에서 이런 저런 이유로 '말만 하기', '말

은 잘하기' 등의 뉘앙스를 갖지만, 실은 듣기와 글쓰기와 생각하기를 다 포함하는 말이다. 제대로 듣지 않는 자 제대로 말할 수 없고, 말하기를 전제로 한 글쓰기는 닫힌 체계인 글쓰기가 열린 체계로 나아가기 위해 꼭 염두 해두어야 할 바이며, 말 이전에 생각 혹은 말과 동시에, 말 이후에 생각이 따르지 않는다면 제대로 된 말하기라 할 수 없기 때문이다.

그래서 '말하기'란 개인의 차원에서는 내 안의 것들을 세상으로 내놓는 기본이 되며 사회의 차원에서는 다양한 분야의 내용들이 사회로 모이기 위한 수단이 된다.

떠난 지 오래된 모교에 〈말하기〉라는 고전적이면서도 전위적인 이름의 강좌를 개설하고 커리큘럼을 짜는 일은 나에게 있어 매우 자랑스러운 일이었다. 다섯 학기째 학생들은 여러 차원에서 〈말하기〉를 수강하기 위해 모여들고 소기의 성과를 얻으며 학기를 마친다. 내가 학기 내내 수업을 통해 학생들에게 이르고자 하는 것은 '말에 대한 성찰'이다.

말하기 강좌의 첫 학기 수강생들은 학기 내내 초롱초롱한 눈으로 수업에 임해오다가 학기말 함께 대학생 토론대회에도 참가하고 마침내 그 열의를 모아 말을 주제로 하는 서울대의 첫 동아리를 만들게 되었다. 학교 일이 전업이 못 되는 선생님을 지도교수로 만났지만 벌써 4기째 신입회원을 뽑으며 동아리를 참으로 잘 운영해 오고 있다.

양현모 회장으로부터 다담에 대한 책을 발간하자는 제안을 받았다는 이야기를 들었을 때 걱정이 먼저 앞섰다. 염려의 정곡은 '말하기'라는 영역에 대한 사회의 선입견을 미우면서도 고운 시선을 받고 있는 서울대 학생 입장에서 잘 깨뜨려 줄 수 있을까에 대한 것이었다. 그러나 보령이와 현모를 비롯해 우리 다담의 회원들이 쓴 원고를 미리 읽어보면서 그 염려는 날아가 버렸다.

별과 같이 반짝이는 동아리 하나하나의 제자들이 말하기의 여러 상황별 훈련을 통해 말에 대한 성찰에 이르게 되기를 희망한다. 3분 내 자기소개도 하고 시사토론도 하고 국회식 토론도 하고 정보스피치도 하며 세상에 대한 호기심을 기르고 걸러내며 발음이라든가 어법, 구성 등 미시적 수준의 스피치 개발을 통해 인지적, 창의적 수준의 자기 발전의 요소를 건드리게 되기를 바란다. 그래서 어느 순간 고요히 침묵하다가 어느덧 자신의 말 속에 세상과 타인을 다 담아 내기를… 그것이 다담의 진정한 의미이다. 그것을 성찰하고 또 다시 그 힘으로 세상과 맞서나가게 되기를 희망한다.

이번에 발간하는 그들의 책이 그들이 보다 넓은 길로 돌아나가는 자그마한 모퉁이가 되어 주었으면 좋겠다. 그리고 이 책을 접하는 독자들에게 말을 통한 제대로 된 소통이, 학문을 포함한 많은 사회 분야에서 얼마나 중요한 것이며 이는 교육과 성찰을 통해 계발될 수 있는 것임을 알리는 계기가 되었으면 한다.

유 정 아
KBS 전 아나운서
서울대학교 '말하기 수업' 전임강사

Part 1

말하기를
시작하기 전에 양현모

말하기를 연습하는 책을 내면서…

서울대학교 스피치 커뮤니케이션 동아리~ 다담(多談)

2006년 여름 15동 424호 다담 동아리방

양희장 자, 그럼 이야기를 시작해 볼까요? 이번에 우리 다담에서 쓰려는 책은 '말하기'에 관한 것입니다. 오늘 회의에서는 말하기 자체에 대한 이야기부터, 말하기에 대한 우리의 관점, 또 책에 어떤 것들을 담아야 하는지… 책을 쓰기 위한 전반적인 이야기를 다루어 보아야 할 것 같습니다. 또한 말하기에 대해 우리가 가지고 있는 생각들을 정리해보는 것 뿐 아니라 실제 말하기의 과정에서 나타났는데 우리가 간과했던 부분에 대해서 새롭게 발견 할 수 있는 시간이 되었으면 합니다. '먼저 말하기란 무엇일까?'에 대해서 각자가 가진 의견들을 이야기 해보는 것은 어떨까요?

김총무 좋아요. 저는 말하기라는 것이 사람들 사이에서 이루어지는 상호작용이라고 생각해요. 말하기는 듣는 사람이 있다는 것을 전제로 하잖아요. 말하는 사람과 듣는 사람이 말이라는 수단을 통해

14

서 서로 영향을 미치는 것, 그것이 말하기의 중요한 부분인 것 같아요. 그래서 저는 말하기를 할 때 제 말을 듣게 될 사람을 고려하게 됩니다.

양회장 다른 사람을 고려한다는 것은 구체적으로 어떤 것이죠?

김총무 듣는 사람이 제 말을 어떻게 생각할지, 또 어떻게 받아들일지, 상대방이 대답을 하면 다음에 제가 어떻게 이야기를 계속 해나가야 할지 하는 그런 부분이죠. 그런 상호적인 부분들이 중요하다고 생각해요. 실제로 저 만해도 어떤 사람이랑 대화하는가가 제가 말하는 데 많은 영향을 준다고 생각하거든요.

정사관 맞아요. 말하기는 분명히 혼자가 아니라 여러 사람들이 함께 살아가는 사회 속에서 이루어지는 것이지요. 그런 면에서 저는 말하기를 다른 사람들에게 정보나 지식을 전달하는 기본적인 수단이라는 측면에서 보고 싶습니다. 시간이 흐르면서 여러 기호나 글자 같은 것들도 발명되었지만 여전히 말하기는 다른 사람에게 정보를 전달하는 가장 쉽고 편리한 수단이고, 그렇기에 여전히 가장 큰 효용을 가지고 있는 것이잖아요.

김총무 음, 전달 수단으로서의 효용이라…

<u>공팀장</u> 근데, 말하기가 정보를 전달하는 것이 꼭 전달에만 그치는 것인가? 정보나 지식 자체를 전하는 경우도 있지만 말하기를 통해 사실에 대한 자기 의견을 제시하고 그것을 다시 설득하는 것도 중요한 역할이라 생각합니다. 다시 말해 말하기는 다른 사람에게 영향을 미쳐 무언가를 하도록 만드는 힘을 가진 그런 것이 될 수 있다는 것이죠.

<u>양회장</u> 공팀장님의 말씀을 듣다 보니까, 언어를 인식함에 있어서 '에르곤'과 '에네르게이아' 라는 개념을 사용했던 훔볼트의 관점이 생각납니다. 쉽게 말해 에르곤은 언어를 고정된 말 자체로 이해하는 입장이고, 에네르게이아는 말을 정신활동에 관련된 힘을 가진 것으로 이해하는 입장입니다. 훔볼트는 에르곤보다는 에네르게이아를 더 중시했지요. 말을 하는데 있어서 만약 에르곤적인 관점에서 보자면 우리가 말할 때 욕을 하는 것은 상관이 없어요. 언어를 단지 뜻을 전달하는 기호일 뿐이라고 이해하는 에르곤의 관점에서는 욕이나 비속어 또한 하나의 전달 도구로서의 단어일 뿐이니까요. 그렇지만 에네르게이아의 관점에서는 그렇지 않습니다. 왜냐하면 말이란 것은 정신활동이자 힘을 가지고 있는 것이기에 욕을 하는 것은 우리의 정서를 해칠 수 있기 때문이죠.

<u>정사관</u> 음, 말하기가 가진 힘이라…

강팀장 회장님 말씀 듣고 보니 말하기를 주제로 동아리 활동을 하고, 또 거기에 관한 책을 집필하는 우리들의 관점 또한 훔볼트처럼 에네르게이아의 관점으로 가고 있는 것 같다는 생각이 드네요.

김총무 어! 생각해보니 정말 그렇네요?

강팀장 말씀 하시는 것들을 들으면서 저도 말하기가 무엇인가라는 점에 대해 생각해 봤는데요. 저는 말하기가 정보 전달의 수단이나 다른 사람을 설득하는 역할만 하는 것만이 아니라 우리의 생각을 좀 더 구체적인 형태로 완성시킬 수 있도록 도와주는 것 같아요.

강팀장 이를테면, 회의나 토론시 서로 말을 주고받으면서 이야기를 하잖아요. 가끔은 그때 명확한 생각을 가진 사람이 다른 사람에게 정보를 전하고 이렇게 하자고 설득하기도 하지만, 한편으로는 회의 과정에서 여러 아이디어가 나와서 새로운 의견이나 구상들이 완성되는 경우도 많이 있는 것 같아요. 말을 하는 가운데 생각이 정리된다고 할까요?

정사관 아! 그런 경우 있어요. 우리가 할 말을 생각해서 하기도 하지만 말을 하는 도중에 생각이 정리되기도 하지요. 이런 경우 말하기 자체의 기능이기도 하지만 말하기가 가져오는 효과라고도 말할 수 있을 것 같습니다.

<u>양회장</u> 그래요. 말하기라는 것은 단순히 존재하는 것이 아니라 실제로 이루어지는 인간의 행동이기 때문에 말하기 자체의 의미는 그것이 가져오는 효과의 측면과 밀접히 연관되는 것 같아요. 그렇다면 우리가 말하기를 잘 하다는 것이 어떤 효과 내지는 효용을 가져오는지 지금부터 같이 생각해 보았으면 좋겠군요.

<u>김총무</u> 말을 잘하는 것이 가져오는 효과요? 인간관계가 좋아진다…

<u>양회장</u> 그것도 한 가지 효과가 될 수 있겠네요. 말을 잘한다는 것도 발표, 진행, 대화, 토론 등 여러 측면에서 이야기 할 수 있을 테니, 하나씩 나누어 생각해보면 좀 더 명확하게 알 수 있을 것 같습니다.

<u>김총무</u> 대화의 측면에서, 말을 잘하면 대인관계가 원활해 질 수 있어요. 사람을 만났을 때 첫 인사부터 시작하여 사람 사이에 관계를 맺어가는 대부분이 두 사람 간에 말을 통해 이루어지잖아요. 또 사이가 안 좋아지는 일들도 많은 부분이 오해를 살만한 말들에서 비롯되는 경우도 있고요.

<u>공팀장</u> 네. 우리가 잘 알고 있는 '말 한마디로 천 냥 빚을 갚는다'는 오래된 속담부터, 말 잘하는 사람이 인기를 모은다는 요즘의 추세까지 말이라는 것은 인간관계에서 사람의 매력을 형성하는 중요한 요인인 것 같습니다. 그리고 꼭 인간관계 부분 말고도 말하기

의 효용은 많지 않을까요?

양회장 그렇지요.

강팀장 저는 이런 부분도 있을 것 같아요. 말을 잘한다는 것은 자기 분야에서 인정을 받는데도 크게 도움이 되는 것 같아요.

양회장 자기 분야에서의 인정이요?

강팀장 네, 본인이 가진 지식을 학생들에게 잘 전달해야 하는 직업들이 있잖아요. 선생님들이나 교수님들처럼요. 학교에도 학문적인 업적을 이루신 훌륭하신 교수님들은 많지만, 학생들은 가르치는 능력이 뛰어난, 다시 말해 설명을 잘하시는 교수님 강의를 선호하고요. 뿐만 아니라 의사나 변호사 같은 특정분야에 전문가들도 그래요. 사회적인 주목을 받고 언론에 조명을 받는 전문가들은 어려운 전문지식을 쉽고 재미있게 풀어서 말로 설명할 수 있는 사람들인 것 같아요.

정사관 저는 말하기의 효용이 사회적으로 인정을 받는 부분이나 인간관계의 부분뿐 아니라 개인적인 부분도 있다고 봅니다.

양회장 음, 개인적인 부분은 어떤 부분인가요?

정사관 예를 들면 말하기가 말하고자 하는 사람의 표현의 욕구를 충족시킨다는 점이요. 사람들은 누구나 자신의 생각이나 감정을 표현하고 싶은 욕구가 있어서, 이런 것들을 표정이나 제스처로 나타내기도 하고 좀 더 나아가서는 그림이나 음악 춤 같은 예술로써 표현하기도 하지만, 보통 사람들이 가장 쉽게 표현하는 방법은 누군가에게 이야기를 하는 것이겠지요. 자신이 하고자 하는 이야기를 다른 사람에게 말로 표현하고 나면 표현의 욕구가 해소되는 뭔가 후련한 그런 느낌을 받게 되죠.

김총무 맞아요. 내면에 있는 이야기를 잘 풀어내어 상대와 교감하게 되면 먹는 것 자는 것과 같은 생리적 욕구를 충족시키는 것과 비슷한 기쁨을 얻게 되는 것 같아요. 정말 속에 하고 싶은 얘기가 많이 있는데 표현을 잘 못해서 친구가 이해를 못하면 답답하잖아요? 그런 면에서도 '말을 잘한다'라는 것은 개인적인 면에서도 중요한 과제가 될 수 있어요.

공팀장 정신과를 찾는 사람 중에는 자기 이야기를 잘 들어주는 사람을 찾기 위해서 상담을 하는 경우도 많다고 하던데 그런 것도 예가 될 수 있겠네요.

김총무 네, 그렇죠. 그리고 친구 중에도 그런 친구들 있잖아요. 남들에게 말하기 어려운 일도 쉽게 말할 수 있고 잘 들어줄 것 같은…

<u>정사관</u> 맞아요. 남의 이야기를 잘 들어주는 사람 앞에서는 더 쉽게 말할 수 있어요. 그렇다면 말하기를 잘하는 것에 대한 효용의 면에서는, 말하기를 잘한다는 것이 표현의 욕구를 충족시킬 수 있는 영역을 더 넓게 한다는 것으로 이해할 수 있겠군요.

<u>양회장</u> 좋습니다. 제가 생각하는 말을 잘하는 것의 효용은 다른 사람과 잘 협력할 수 있도록 하는 것이에요.

<u>강팀장</u> 잘 협력할 수 있도록 하는 것이요?

<u>양회장</u> 네, 아까도 이야기가 나왔지만 말을 하고 다시 그 말을 듣는 과정을 통해, 다른 사람들의 생각을 이해하고, 우리의 생각을 전달할 수 있습니다. 그리고 거기서 더 나아가게 되면, 말하기와 듣기라는 과정을 거치면서 서로의 입장이나 생각을 조율하고 그것을 통해 공동의 목표를 향해 함께 행동할 수도 있는 거지요.

<u>김총무</u> 아, 그 '행동하게 한다'는 '감화 시킨다'는 의미와 비슷한 건가요?

<u>양회장</u> '감화' 라는 것은 좋은 영향을 받아 마음이 변화한다는 것인데, 마음 또는 생각이 변한다면 그것이 밖으로 표현되어 행동으로 나타날 수 있겠지요. 가령 누군가에게 말을 할 때 '어제 학교에 사

람이 많았던 것은 1년 만에 큰 축제가 열렸기 때문이야.' 처럼 상대에게 사실을 이해시키려는 목적으로만 말을 하는 경우도 있지만, 제가 말씀드린 부분은 이런 겁니다.

<u>양회장</u> 2005년 2학기가 되어 다담 2기 신입회원을 뽑기 위한 리쿠르팅을 준비해야 하는 상황이라면 우리는 회의를 하게 되겠지요. 회의에서 의견이 교환되고 '우리는 이러저러한 이유로 이번 달에 꼭 신입회원 리쿠르팅을 하기 위한 준비와 실행을 해야 합니다. 여러분'이라고 이야기를 해서 사람들이 '아~ 이번 달에 리쿠르팅을 하는 것이 정말 필요한 일이구나'라고 느끼게 된다면 그것은 말을 잘 한 거겠죠. 그런데 더 중요한 것은 느낌 뿐만이 아니라 나아가서 사람들을 리쿠르팅에 참여하도록 해야 한다는 겁니다.

<u>양회장</u> 전달하여 이해시키는 것 이상이 되어야 한다는 거죠. 공감을 통해 함께 생각하고 그 생각을 바탕으로 함께 행동하게 하는 거요. 그래서 저는 좋은 말하기의 효용으로 사람들이 서로 협력할 수 있게 해준다는 점을 들고 싶습니다.

<u>강팀장</u> 좋은 말하기로 다른 사람을 움직일 수 있다는 것! 정말, 그것도 말을 잘하는 것의 이점 중 하나라고 생각해요.

<u>양회장</u> 조금 덧붙이자면 사람을 움직이는 것에는 여러 가지가 있을

수 있지만 좋은 말하기가 권력이나 무력 같은 다른 것에 비해 효용을 가질 수 있는 것은 바로 사람을 '자발적'으로 움직이게 한다는 점이지요. 그렇기 위해서는 일반적으로 잘 전달하는 것 이외에도 아까 언급했던 상대의 마음을 감화시키는 것이 또한 필요합니다.

공팀장 자발적인 것이 중요하죠.

양회장 가령 군대에서 장교가 병사에게 일을 시키고 싶다면 정확하게 말만 전달하면 병사로부터 원하는 행동을 이끌어 낼 수는 있을 거예요. 그렇지만 장교와 병사의 관계가 아니라 친구 사이나 동료 같은 동등한 두 자연인의 대화에서 한 사람이 다른 사람의 행동을 유도하려면 잘 전달하는 것 이상의 말을 할 수 있어야 하겠지요.

공팀장 좋은 지적인 것 같습니다. 제 생각에는 우리가 책을 통해 독자들에게 전달하려고 하는 것은 말을 잘하기 위해서 할 수 있는 방법과 노하우 외에도 그것들이 왜 필요한지 그리고 어떤 관점에서 볼 수 있는지를 방금 말씀하신 것처럼 예화 등을 들어서 구조화 하고 흐름을 풀어 낼 수 있어야 할 것 같습니다.

정사관 책을 쓰려고 생각하다 보니, 우리가 대학생으로서 학교를 다니거나 사회활동을 할 때 자주 마주치게 되는 말하기 상황들과 그에 대한 생각들도 담았으면 좋겠다는 생각이 듭니다. 이를테면 '과외하기'라든가 '조별표준비하기', '대학교에서 선후배간의 말하기' 같은 것들이요.

양회장 네, 그런 부분도 들어가면 좋겠네요. 그럼 다음 회의 때까지 자기가 쓰고자 하는 구체적인 상황에 대해서 정리해 오기로 하고 잠시 쉬었다가 다시 회의를 시작하도록 하겠습니다.
- 잠시후 -

양회장 자, 지금까지 우리는 '말하기'가 무엇인지 그리고 말하기를 잘 할 때 어떤 효용이 있는지에 대해서 이야기를 해보았습니다. 그렇다면 이제부터는 우리가 생각하고 있는 '좋은 말하기'란 무엇인지에 대한 생각을 한번 모아봅시다. 도대체 좋은 말하기란 어떤 말하기일까요?

강팀장 제가 생각하기에 좋은 말하기란, 말하고자 하는 목적에 맞는 말하기인 것 같아요.

양회장 목적에 맞는 말하기요?

강팀장 좋은 말하기에 일반적인 부분이라기 보다는 좀 추상적인 부분이지만요. 말이라는 것이 인간이 목적을 달성하기 위한 중요한 수단인 만큼 그 목적을 만족시킬 수 있어야 할 것 같아요. 예를 들어 '과외 선생님으로서 학생에게 숙제를 해오게 하고 싶다는 목적' '저 친구와 친해지고 싶다는 목적' '정보를 전달하고 싶다는 목적' 등이요. 일이나 과제를 할 때 '상대와 같이 일하고 싶다는 목적' 등도 될 수 있겠네요.

공팀장 말하기를 인간이 어떠한 목적을 이루기 위한 수단으로 봤을 때 좋은 말하기를 통해 목적과 연결시키는 것이 중요하겠지요. 근데, 목적이라는 것은 언제나 상황과 결부되는 것 같습니다. 같은 목적이라도 그 당시 상황이 어떠한 것인가에 따라 목적을 달성하기 위한 말하기의 방법이 달라져야 할 것이고, 그래서 좋은 말하기라는 것은 상황 또한 고려한 말하기가 될 것 같습니다.

양회장 상황과 목적에 맞는 말하기… 매우 중요하다고 봅니다. 좋은 말하기가 무엇인가? 라는 질문의 대답으로 상황과 목적에 맞는 말하기가 옳은 답일 수 있지만 각 상황과 목적은 너무도 다양하고 우리가 책에서 그 상황들을 하나하나 설정하여 독자들에게 설명하는 것에는 어려움이 있을 수 있으니, 일단은 말 하는 방법 자체에 대한 것으로 구체적으로 들어가 볼까요?

정사관 좋은 말하기에 대해 우리가 가지고 있는 생각들을 하나씩 이야기 하여 정리해 보면 뭔가 좀 나올 것 같아요.

<u>양희장</u> 동감합니다. 그럼 저부터 시작해보겠습니다. 저는 발표와 같은 스피치 측면에서 말해보겠습니다. 스피치 측면에서 '짧고 간결하게 자신의 생각을 전달하는 것'이 좋은 말하기라고 생각합니다. 여기서 말하기의 간결함이란 단순히 기계적으로 말을 짧게 하는 것이 아니라 자신의 생각을 쉽고 명확하게 이야기하여 듣는 사람이 정확히 이해 할 수 있도록 하는 것이죠. 그러기 위해서는 명쾌한 표현과 적절한 단어를 사용해야 하고 특히 여러 가지 해석을 낳을 수 있는 비유나 표현들을 사용하지 않거나, 제한을 두어 쓰는 것이 좋은 말하기라고 생각합니다.

<u>김총무</u> 음, 저는 스피치에 대해서는 '좋은 말하기란 이런 것이다'라는 걸 확실하게 정리해서 이야기 할 수 없지만 간결한 말하기가 좋은 말하기라는 회장님의 생각에는 동의해요. 저는 회의나 진행 같은 대화의 측면에서 이야기 해보고 싶어요. 대화의 측면에서 제가 생각하는 좋은 말하기는 상대방도 잘 말 할 수 있도록 만들어주는 말하기인데, 상대에게 정확하게 이해시켜준다는 의미에서도 간결한 말하기는 중요하다고 생각합니다. 상대방이 내 말을 이해하지 못하면 그 사람도 혼란스러울 뿐만 아니라 동문서답 같은 말을 할 수밖에 없을 테니까요. 아까 말씀드린 상호적인 측면이랑 좀 비슷하네요.

<u>양희장</u> 상대방이 잘 말할 수 있게 해준다… 대화의 진행을 원활하게

하기 위해서 상대방이 잘 말할 수 있도록 도와준다는 것인가요?

김총무 네, 비슷하네요. 저는 배려하는 말하기가 중요하다고 생각해요. 대화에서 나만 말을 잘하고 끝내는 것이 아니라, 상대방도 잘 듣고 잘 말할 수 있도록 하는 것 말이죠. 간결하게 말하기, 중간에 말을 끊지 않고 끝까지 듣기, 차분하게 천천히 말하기, 상대방의 말을 반영한 말하기 같은 이런 배려가 있다면 좀 더 원활한 대화가 이루어질 것이라고 생각해요 그런 면에서 저는 배려하는 말하기가 좋은 말하기라고 생각합니다.

정사관 저는 좋은 말하기를 위해 말하기의 내용이 참 중요하다고 생각합니다. 물론, 내용이란 것은 말하기의 측면보다는 알맹이에 가깝긴 하지만 아! 알맹이를 포장하는 것으로의 말하기 그러니까 잘 채워진 알맹이를 밖으로 끄집어 내는 것이 중요한 것 같아요.

강팀장 알맹이, 알맹이라…

양회장 알맹이라는 것은 우리가 말하기에 담을 내용을 말하는 것이지요? 그렇다면 잘 채워진 알맹이를 보여주는 것은, 알맹이에 대해서 다른 사람이 잘 볼 수 있도록 하는 것이 좋은 말하기라는 건가요?

<u>정사관</u> 네, 그런 부분입니다. 표현적으로 아무리 달변이라고 해도 계속 듣고 있다 보면 그 사람이 가진 말하기의 알맹이가 드러나기 마련이잖아요. 그런데 반대로 많은 것을 알고 있고 내용이 훌륭한데도 그것을 다 표현하지 못하는 사람도 많은 것 같아요. 이 사람이 100을 가지고 있는데 그것을 잘 보여주지 못해서 70이나 50밖에 안보이는 거죠.

<u>양회장</u> 그렇다면 정사관님이 말한 알맹이가 잘 채워진 것을 보여준다는 것은 좋지 않은 상품을 '포장'하여 좋게 보여준다는 면이 아니라 자기가 가진 것이 50이면 50, 100이면 100을 상대에게 다 보여줄 수 있도록 투명하게 '포장' 하는 기술이라고 볼 수도 있겠군요.

<u>정사관</u> 그렇지요. 말씀하신 포장이라는 것이 말을 통해 다른 효과를 얻기 위해 거짓된 것 혹은 과장된 것으로 둘러싸는 것이 아니라 알맹이를 잘 보여주는 방법으로서의 포장입니다. 그런 의미에서 진솔한 말하기도 바로 좋은 말하기의 예가 될 수 있다고 생각해요. 조금은 투박해 보여도, 수사학적인 기교 없이 진심을 담아 상대에게 호소하는 이야기가 사람의 마음을 더 울리는 효과적인 좋은 말하기가 되기도 하잖아요.

<u>양회장</u> 그래요. 지금까지 나온 이야기들을 정리해보면 좋은 말하기

라는 것은 상황과 목적에 부합하는 말하기여야 하고, 짧고 간결한 말하기, 상대방을 배려하는 말하기, 가진 것을 명확히 보여줄 수 있는 진솔한 말하기 등인 것 같네요.

양회장 여러분들이 오늘 좋은 말하기에 대해서 이야기하며 나온 것들처럼, 공통적인 부분을 모아보면 좋은 말하기라는 것은 고정화된 특정의 형태가 있는 것이 아니라 사람들과 커뮤니케이션을 가능하게 해주는 보편적인 요소들 속에서 자기만의 스타일을 살릴 수 있는 말하기인 것 같아요.

양회장 그래서 저는 우리 책에서 독자들에게 주고자 하는 것도 서울대 스피치커뮤니케이션 동아리 다담 식의 전형적인 말하기 방식이 아닌, 말하는 사람 개개인이 '자신의 말하기를' 보다 잘 할 수 있도록 도와줄 수 있는 방법이 되어야 할 것 같다고 생각합니다. 그것이 우리 다담에서 매주 세션 때 하고 있는 것이기도 하고요. 오늘 회의는 여기까지 하도록 하지요. 지금까지 장시간 동안 회의하고, 말하기에 대한 자신의 생각을 정리하느라 모두 수고 많으셨습니다.

모두들 수고하셨습니다!

1

말하기란 무엇일까?

말하기가 참 중요하다고들 한다. 인터넷에 검색을 해보면 스피치나 프리젠테이션, 대화법 등을 주제로 하는 수많은 커뮤니티들이 있고, 기업들은 보다 생산적인 회의나 업무수행을 위해 커뮤니케이션을 중요한 화두로 삼고 있다. 또 이미지나 화술에 대해 가르치는 학원들이 성업하고 있음은 물론이고, 각 대학에도 '말하기'를 주제로 한 강의들이 속속 생겨나고 있다.

실제로 이러한 흐름이 나타나게 된 까닭은 여러 가지가 있을 것이다. 대학입시에서는 기존에 수능이나 논술뿐 아니라 심층면접을 시행하고 있고, 대기업에 입사하기 위해서도 서류전형과 필기시험을 통과한 뒤에도 2차 3차로 이어지는 인터뷰를 통과해야 한다. 또한 중등교육에서 지향하는 교육 방향도 단순 지식 암기보다 아는 내용을 바탕으로 한 토론 위주로 바뀌고 있는 게 현실이다. 대학도 마찬가지. 대학에서의 평가도 공부한 것에 대한 개인적인 리포트를 내는 것에서, 준비한 것을 바탕으로 조별로 발표를 하는 것으로 변하여 왔다. 뿐만 아니라 실제 사회에서도 한 분야에 전문가이면서 그 분야에 대해 다른 사람들에게 쉽고 명확하게 전달할 수 있는 사람들이 보다 능력 있는 인재로 인정받는다.

과거에는 정치가나 아나운서, 선생님 같이 말하는 것 자체를 직업으로 삼는 소수의 사람들만이 말을 잘하면 되었다. 그러나 현대에는 모든 사람이 자신이 알고 있는 것을 말을 통해 표현하는게 중요한 일이 되었다. 현대를 살아가는 우리들에게 있어 말하기가 무엇이고 왜 중요한지 그리고 어떻게 준비해야 하는지에 대해 생각해 보기 전에, 먼저 조금 오래된 이야기부터 시작해 보려고 한다.

인간이 태어나기도 훨씬 이전인 약 300만 년 전, 우리 지구상에는 오스트랄로피테쿠스라는 동물이 있었다. 그들은 인간과 흡사하게 직립보행도 할 수 있었고 도구도 사용할 수 있었다고 한다. 그렇지만 오스트랄로피테쿠스는 생각을 할 수 있을 정도로 지능이 발달하지 못했기에 인간이라기보다는 동물에 가까운 유인원이었다. 그들이 사라진 후 시간이 흘러 약 20~14만 년 전의 리스빙기에는 네안데르탈인이라는 원시인들이 나타났다. 고생물학자들의 화석 연구결과에 따르면 이 네안데르탈인의 두뇌용적은 1600cc로 현대 남성의 평균인 1450cc보다 크거나 비슷했다. 이들은 다양한 석기와 도구들을 사용할 수 있었고, 사람을 매장하는 등 원시적이지만 동물과 구별되는 문화도 가지고 있었다. 그렇지만 이 원시인들은 신체적인 부분에서 현생인류에 비해 부족한 부분이 있었다. 그것은 바로 목소리를 내기 위한 성대를 포함한 조음기관이었다. 네안데르탈인의 조음기관은 현재 우리 인간의 것만큼 발달되어 있지 못했다. 그래서 네안데르탈인들은 울음소리를 내거나 몸짓 언어 정도는 할 수 있었지만 현생인류처럼 음성언어를 사용하지는 못했다. 인간이기는 하지만 아직 말을 할 수 없는 인간이었던 것이다. 네안데르탈인들은 지구가 맞았던 마지막 빙하기인 약 5만3000년 전의 뷔름빙기 초기까지도 살아남지만 빙기를 이겨내지 못하고 곧 지구상에서 자취를 감춘다.

1868년, 프랑스의 크로마뇽 계곡 암벽에서 남녀와 태아의 두개골과 뼈 조각이 발견되었다. 이 뼈 조각의 주인들은 네안데르탈인이 멸종해가던 약 3만 년 전의 뷔름빙기에 살았던 다른 종류의 사람들이었다. 이들은 이전의 원시인들과는 다른 특징이 있었고 고고학자인 J.A.카트르파지는 발견된 지역의 이름을 따서 이들을 크로마뇽인이라 이름 붙였다.

약 3만 년 전, 오늘날 프랑스의 크로마뇽계곡에는 한 원시인 부족이 있었다. 새벽비가 내렸던 어느 이른 아침, 부족의 젊은 청년 울퉁이는 동굴 밖으로 나선다. 비가 온 뒤라 습기가 차고 바람이 없어서 사냥하기 좋은 날이다. 울퉁이는 옆 동굴집에 사는 불퉁이에게 간다. "어제 오크나무 산에 큰사슴이 많이 있었다. 오늘 우리 같이 가면 잡을 수 있다." 두 원시인은 사냥도구를 챙겨 산으로 향한다. 울퉁이와 불퉁이가 있는 계곡 위쪽 능선에는 순록 무리가 뛰어다니고 있다. 불퉁이가 말한다. "큰사슴 빨라서 잡기 어려울 것 같다." 울퉁이가 대답한다. "그럼 내가 저 뒤쪽 산에서 큰사슴을 이리 몰아 올테니 넌 여기 숨어서 있다가 잡아라." 울퉁이는 기슭을 따라 산 뒤쪽으로 향한다. 한참 후 산 등성이에서 울퉁이는 큰 소리를 지르며 순록떼를 불퉁이가 있는 계곡쪽으로 몰아온다. 나무 뒤에 숨어 있던 불퉁이는 도망쳐 내려오는 순록 한 마리를 재빨리 몽둥이로 때려잡는다. 오크나무 산에서 두 청년의 사냥은 오후 내내 계속 된다. 오후 무렵, 토끼를 쫓느라 정신이 없는 불퉁이 뒤로 갑자기 멧돼지 한 마리가 달려든다. 울퉁이가 외친다. "뒤에 멧돼지다. 피해!!" 이 말을 듣고 불퉁이는 큰 바위 위로 몸을 피한다. 이날 원시인들은 순록 한 마리 멧돼지 한 마리 토기 두 마리를 잡아 마을로 돌아왔다.

이처럼 지구에 나타났다 사라져간 유인원들이나, 단순한 몸짓 언어 정도를 사용할 수 있었던 네안데르탈인들과는 달리 이 크로마뇽인들은 말을 할 수 있었다고 한다. 그래서 이들은 말을 통해

서로 설득하고, 이해하고, 협력하고, 공감할 수 있었다. 그 결과 크로마뇽인들은 마지막 빙하기를 이겨내고 1만 년 전까지도 살아남았고 결국 현생 인류의 직계 조상이 되었다.

울퉁이와 불퉁이가 살아남기 위해 창을 던지고 토끼를 쫓던 원시시대부터, 화성에 우주선을 쏘아 올리는 광경을 TV를 통해 실시간으로 볼 수 있는 현대에 이르기까지 말하기는 우리 인간에게 매우 중요한 도구이다. 그리고 현재의 우리는 들판을 뛰어다니며 먹을 것을 구하던 때보다, 학교나 직장 등에서 훨씬 많은 사람들을 만나서 그들과 커뮤니케이션하며 지낸다. 말을 통해 다른 사람들에게 나의 생각을 전달하고 설득하여 함께 협력해 나가는 것이 필수적인 시대를 살고 있는 것이다. 그렇기에 회의나 인터뷰 또는 발표와 같은 상황에서 말을 통해 보다 의사소통을 잘하는 것이 과거보다 더욱 중요한 일이 되었다. 그렇다면 과연 말을 잘하는 사람은 어떤 사람일까? 그리고 어떻게 하면 지금보다 더 말을 잘하는 사람이 될 수 있을까? 이 책은 그 물음에서 시작한다.

2

좋은 말하기란 무엇일까?

세상에는 말을 잘하는 사람이 참 많다. 9시면 명확한 발음과 또렷한 말투로 뉴스를 전달해주는 엄기영씨 같은 앵커들도 말을 잘하고, 시사토론 프로그램에서 예리한 질문을 던지는 손석희씨 같은 방송 진행자들도 말을 잘한다. 또 TV 오락프로그램에 나와 우리에게 웃음을 주는 김제동 같은 연예인들도 역시 말을 잘한다. 뿐만 아니라 우리 주변에도 재미있는 이야기로 분위기를 잘 띄우는 친구도 있고, 책만 봐서는 도저히 이해가 가지 않던 어려운 이론을 쉽게 설명하시는 교수님도 있다. 또한 인생을 어떻게 살아가느냐에 대한 좋은 이야기로 사람들을 감동시키는 훌륭한 성직자들도 있다. 이들은 모두 다 말을 잘하는 사람들이라는 공통점을 갖고 있지만, 이들이 말을 전개해 나가는 방법이나 스타일은 모두 다르다.

　말하기가 '좋은 말하기'가 되기 위해서는 기본적으로 두 가지 조건을 만족시켜야 한다. 첫째는 말하기가 상황과 목적에 맞아야 한다는 것이다. 우리가 보기에 100분 토론을 진행하는 손석희씨의 화법은 토론을 진중하고 매끄럽게 진행하기에 부족하지 않다. 또 쇼프로그램에서의 김제동의 말하기 역시 쇼프로그램을 즐겁고 유쾌한 분위기로 이끌기에 충분하다. 그렇지만 그들의 말하기가 언제나 좋은 말하기인 것은 아니다. TV토론과 오락처럼 상황과 목적이 다른 경우는 말하기도 그에 적절한 형태의 것이어야 한다.

　좋은 말하기의 두 번째 조건은 더욱 중요하다. 좋은 말하기를 하기 위해서는 무엇보다도 그 말하기가 자기 스타일에 가장 잘 맞는 말하기여야 한다. 단 여기서 주의할 점이 있다. 그것은 자기 스타일에 가장 잘 맞는 말하기라는 것이 현재 자신의 말하기 습관을 그대로 보여 주는 것은 아니라는 점이다. 예를 들어 이야기를 하면서 같은 내용을 중언부언 반복하며 무한히 길게 말한다든가, 잘 들리지도 않게 우물거리는 소리로 말하는 버릇이 있다면, 그것은 좋은 말하기 스타일이라 할 수 없다.

　2000여년 전 로마에서 있었던 이야기이다. 열의는 있었지만 고지식한 브루투스라는 청년이 많은 사람들 앞에서 연설을 했다. 이 브루투스의 연설을 들은 당대의 실력자 카이사르는 이렇게 말했다고 한다. "그 젊은이가 원하는 것이 무엇인지는 알 수 없었지만, 무언가를 강렬히 원하고 있다는 것만은 알 수 있었소."

이후 카이사르는 브루투스를 계속 관직에 두기는 했지만 높게 평가하지는 않았다고 한다. 열의는 있었지만 중언부언하여 듣는 이에게 자신의 생각하는 바를 잘 전달하지 못한 브루투스의 연설은 분명 좋은 말하기가 아닐 것이다.

또한 훗날 연설가로 이름을 날리게 되는 데모스테네스의 이야기도 있다. 아테네의 아고라에서 그가 준비되지 않았던 첫 연설을 했을 때 사람들은 목소리가 작아서 무슨 말인지 알 수 없다며 야유를 보냈다. 영국의 필립 체스터경이 말과 행동에 관해 남긴 자신의 유명한 고전인 '내 아들아 너는 인생을 이렇게 살아라'에서 인용한 말이 있다. '좋은 행동이 아니면 행동이라고 말할 수 없는 것이다.' 이 말은 말하기의 스타일 문제에서도 그대로 적용된다고 생각한다. 자기 스타일에 충실한 말하기가 가장 좋은 말하기이지만, 그 말하기의 스타일이 좋은 스타일이 아니라면 '스타일'이라고 말하기 어려울 것이다.

그렇다면 지금까지 나온 이야기를 요약해보자. 좋은 말하기란 정해져 있는 것이 아니다. 그것은 상황과 목적에 적합하고 각 개인이 자기 스타일에 가장 잘 맞게 하는 말하기이다. 단 여기서 자기 스타일이라는 것은 좋은 스타일이 전제되어야 한다. 그렇다면 자기만의 말하기 스타일을 좋은 스타일로 만들려면 과연 어떻게 해야 하는가?

　굉장히 긴 질문에 비해 해답은 비교적 간단하다. 그것은 바로 '연습' 해야 한다는 것이다. 축구를 잘하기 위해서는 공을 많이 차 봐야 하고, 운전을 잘하기 위해서는 차를 도로로 많이 몰고 나가 봐야 한다. 말하기에 있어서도 마찬가지이다. 말하기를 잘하기 위해서는 말하기를 많이 연습해봐야 한다. 하지만 무턱대고 옆 친구와 수다를 떠는 것이 좋은 말하기를 위한 연습이 될 수는 없다. 연습에도 방법이 있다. 이 책에서 이야기하고자 하는 것이 바로, 자신만의 좋은 말하기를 연습하는 방법에 관한 것이다. 그리고 우리 다담에서 하고 있는 일이 바로 보다 나은 말하기를 위해 연습하는 일이다.

3

좋은 말하기를 위해
어떻게 연습할 것인가?

　이 책은 말하기가 무엇인가에 대한 고민으로 시작한 1장을 포함하여 크게는 4부분으로 구성되어있다. 제 2장에는 현재 다담에서 하고 있는 방법들을 중심으로 여러 가지 사례들과 실제로 할 수 있는 구체적인 말하기 연습 방법들을 담았다. 또한 3장은 주변에서 흔히 만나게 되는 말하기 상황들에 대한 저자들의 생각과, 발표나 면접 등에 대한 약간의 노하우들이 담겨 있다. 마지막 4장에는 말하기와 토론에 대해 관심을 가지고 있는 독자들에게 도움이 될 만한 자료인 서울대학교 스피치커뮤니케이션 동아리 다담 프로그램 자료집과 우리나라의 각 토론대회에서 쓰이는 토론방식에 대한 소개 및 실제 대회에서 사용되었던 원고 등의 참고자료들을 담고 있다. 여기에 수록된 말하기 연습 방법들은 서울대학교 스피치커뮤니케이션 동아리인 '다담'이 지난 활동기간 동안 세션을 통해 진행해보고 부족한 점들을 보완하여 더욱 효과적인 형태로 만든 것이다. 그러나 물론 그 방법들을 실제 활용하는 것은 결국 독자들의 몫이다. 이 책에 나온 방법들을 바탕으로 말하기 프로그램을 진행해보고 독자 스스로가 연구한다면 그 가운데 자신에게 잘 맞는 더 나은 방식을 발견할 수 있으리라고 본다.

실제로 4장 첫 부분에 다담에서 쓰고 있는 세션 프로그램 자료집을 담았지만 우리 다담에서도 프로그램 자료집의 형식대로 항상 그대로 하는 것이 아니라 더 나은 방식을 찾을 때마다 수정하고 보완해가고 있다. 왜냐하면 우리는 기존의 방법을 바탕으로 연습하는 가운데 좋은 아이디어가 떠오르고 그것을 바탕으로 더욱 효과적인 연습방법을 찾을 수 있다고 믿기 때문이다.

말하기라는 것은 지식이나 관점과 같이 우리 머리에 그대로 들어있는 관념적인 것이 아니라 연습과 같은 실천적인 행동을 통해 끊임없이 발전하는 것이라고 생각한다. 지금 당장 말하기에 자신이 없는 사람이라도 꾸준한 연습으로 자기 말하기의 스타일을 만들어 나간다면, 길지 않은 시간 안에 좋은 스피커로 거듭날 수 있을 것이다.

말더듬이도 웅변가가 될 수 있다
– 아테네 최고의 웅변가 데모스테네스 –

    흔히 사람들은 말을 잘하는 사람을 가리켜 '말재주가 있다'고들 한다. 어감에서 느껴지듯 재주라는 단어가 가지는 첫 번째 의미는 '잘하는 소질이나 타고난 슬기'이다. 이처럼 말이라는 것은 무언가 성실하게 갈고 닦아지는 것이라기보다 타고나는 것이라는 인식이 근저에 깔려 있는지도 모른다. 그러나 인간이 가진 다른 능력들처럼 말하기 또한 노력과 의지만 있다면 누구나 분명히 잘할 수 있는 영역에 속하는 것이다. 여기 말하기 능력이란 타고난 재능으로만 가질 수 있는 것이 아니라 후천적인 노력에 의해서 만들어질 수 있는 것임을 보여주는 인물을 하나 소개하고자 한다.

    데모스테네스는 BC385년 경에 아테네에서 태어났다. 당시 아테네는 변론술과 수사학이 풍미하던 시대였고, 웅변이란 지도층이 되고 싶은 사람들이 필수로 가져야 할 기본소양으로 꼽히던 때였다. 하지만 이 사람은 결코 웅변가로 태어난 인물은 아니었다. 데모스테네스는 허약한 체질로 태어난 데다, 일곱 살에 아버지를 잃고 재산도 관리인이 가로챘기 때문에 어린시절에 제대로 된 교육조차 받지 못하고 자랐다. 데모스테네스가 소년이던 시절 아테네에서는 이웃 도시 테베와의 분쟁으로 큰 재판이 열렸다. 법정의 문지기 덕분에 한 구석에서 재판을 지켜보던 데모스테네스는 당시 유명한 웅변가였던 칼리스트라투스의 뛰어난 변론을 듣고 감동을 받아 웅변 공부를 하기 시작했다.

소년기가 지나고 청년기에 접어든 데모스테네스가 아고라에서 처음으로 연설을 했을 때, 사람들의 찬사를 듣기는커녕 집어치우라는 야유만을 잔뜩 들었다. 왜냐하면 군중을 격동시키고 다니는 힘 있는 목소리를 가진 당시 아테네의 다른 연사들과는 달리 그의 목소리는 작아서 들리지도 않았기 때문이다. 또한 그는 선천적으로 말더듬이였고 허약한 체질 덕에 숨이 차서 한번 시작한 말을 길게 이어 나가지도 못했다. 첫 연설에 실패한 데모스테네스는 웅변가가 되는 것을 포기하려고 하다가 한 노인의 격려를 듣고 며칠 뒤 다른 집회에서 두 번째 도전을 한다. 그러나 결과는 마찬가지. 며칠 전에 웅웅거리던 소리로 연단에 선 그를 보았던 사람들은 아무도 그의 연설을 들으려고 하지 않았기 때문이다.

데모스테네스는 눈물을 글썽이며 집으로 돌아갔지만, 거기서 꿈을 포기하지는 않는다. 그날 이후 그는 더욱 혹독한 연습을 하기 시작했다. 말을 더듬고 발음이 정확하지 않은 점을 고치기 위해 지하실에 내려가 몇 달 동안이나 조약돌을 입에 물고 연습을 했고, 다음으로 가파른 언덕을 달리다가 숨이 차오기 시작하면 연설을 시작해서 말을 이어 나갔다. 또 일설에 따르면 그는 말할 때마다 왼쪽 어깨가 올라가는 버릇을 고치기 위해 어깨 위에 칼을 매달아 놓고 연설 준비를 했다.

그리고 마침내 그는 뛰어난 웅변가가 되어 수많은 재판에서 이겼다. 포키스 전쟁 때는 알렉산더 대왕의 아버지인 필리포스 탄핵연설로 드디어 아테네에서 알아주는 연설가의 반열에 오르기도 한다. 이후 그는 웅변가이자 정치가가 되어 아테네와 주변 국가를 돌아다니며 연설을 했고, 그리스는 물론 주변 나라에서도 그의 연설을 듣기 위해 그를 초빙할 정도였다. 지금도 고대 아테네를 통틀어 데모스테네스는 아테네 10대 웅변가 중에 한 사람으로 꼽힌다.

데모스테네스는 그리스의 다른 웅변가들처럼 분명히 타고난 웅변가는 아니었다. 경쟁자인 피데아스 같은 웅변가는 "당신 웅변에서는 지난밤에 썼던 등잔불 냄새가 나는구려"라고 조롱하기도 했다. 즉석에서 연설을 하는 경우가 거의 없었고 언제나 준비를 하는 데모스테네스를 비웃은 말이다. 그러자 데모스테네스는 이렇게 응대했다고 한다. "허나, 내 등잔과 당신 등잔의 밝기는 분명히 다르잖소."

데모스테네스처럼 치열한 노력을 통해 얻어진 말이라는 것은 단순한 재주가 아닐 것이다. 플루타르크가 영웅전에서 지적했듯

언제나 성실하게 준비된 데모스테네스의 연설에서는 화려한 재주
는 없지만 깊은 생각과 빈틈없는 기질에서 우러나온 진지한 향기
가 있었다. 그리고 그것이야 말로 세월 속에 잊혀진 말재주꾼들과,
이천 년 후에도 기억되는 데모스테네스의 차이를 만들었을 것이다.

Part 2

말하기
연습하기 양현모

1

말하기의 두려움을
이기는 연습하기

1) 우리 주변에서 흔히 일어나는 일들

2005년 1학기 〈인간관계의 심리학〉이란 과목을 수강한 적이 있다. 이 수업은 서울대학교에 들어와서 가장 재미있게 들은 수업 중에 하나였다. 수업을 강의하셨던 강사님께서는 딱딱한 심리학이론 대신 생활하며 느낄 수 있는 이야기들로 수업을 풀어 나가셨다. 한 학기 동안 수업에서 다룬 주제는 '부모자식 관계'와 '연인관계' 두 가지였고, 평가는 기말고사와 조발표로 이루어졌다. 조 발표의 주제 역시 심리학에 관련된 자유로운 것이었기에 우리 조는 '남녀 차이에 기반한 데이트 코치'라는 재미있는 주제로 발표를 하기로 했다. 약 한 달 동안 우리들은 남녀의 차이에 대한 각종 이론 서적도 읽고, 자체 동영상도 제작하고, 프리젠테이션 준비도 하며 함께 발표준비를 했다.

우리 조원들 중 3학년인 B양이 있었는데, 이 친구는 발표 준비 단계부터 열심히 자료도 준비하고, 좋은 아이디어도 내어 조 발표에 많은 기여를 했다. 드디어 조 발표, 앞에 나가서 발표할 사람을 정해야 했다. 수업에서 성적 평가는 조 단위로 이루어지지만 분명히 개인적인 평가도 포함되는 것이었기에 발표를 한다는 것은 평가에서 상당한 이점을 가질 수 있는 조건이다. 당시 조장이었던 나는 발표자를 선택 할 수 있는 권한을 가지고 있었다. 당연히 가장 열심히 조 발표를 준비한 B양에게 발표자가 될 것을 제의했다. 하지만 B양은 손사래를 치며 극구 사양하는 것이었다. 이유를 물어보니 B양은 "저 발표는 정말 안할래요. 나가면 너무 무섭고 떨려서…""두 학기 전에도 발표를 한번 했었는데, 보시던 교수님께서 괜찮으냐고 물어보실 정도였어요." 이번에도 못 할 거예요."

겁먹은 표정으로 이렇게 말하는 B양에게 발표를 계속 권유할 수도 없는 노릇이어서 나는 결국 다른 사람에게 발표자 자리를 주었다. B양은 우리 조가 발표할 내용에 대해 누구 보다 잘 알고 있었고, 많은 기여를 한 사람이었다. 그런 그녀가 왜 이점을 가질 수 있는 발표자가 되는 것을 마다했을까? 그 답은 하나다. 바로 대중 앞에서 말하는 것에 대한 두려움 때문이었다.

말하기에 있어서는 나의 친구인 K군의 태도도 이와 비슷하다. K군은 함께 예술 관련 수업을 듣다가 이번 학기에 모든 학생은 10분짜리 발제를 해야 하며 피치 못해서 그것이 불가능한 학생은 A4 10장짜리 서평 2개를 제출해야 한다는 이야기를 듣는다. 이번 학기 전공 수업도 많아서 바쁜 한 학기가 될 것 같지만 K군은 발제보다는 서평을 선택한다. 이유는 단 하나, 서평은 사람들 앞에 나서지 않을 수 있다는 것 때문이다. B양과 마찬가지로 K군도 대중 앞에 나간다는 것은 이유를 불문하고 무엇보다도 피하고 싶은 일이다. B양이나 K군은 남들 앞에 나서는 경험을 하느니 나가서 얻을 수 있는 것들(예를 들면 좋은 학점이나 수월한 과제 제출)을 포기하고 만다. 하지만 정작 본인들은 이것이 아쉽지만 어쩔 수 없다고 생각해 버린다.

내 후배 P군은 중·고등학교 내내 반장이나 부반장 등 학교 임원을 자주 맡았다고 한다. 그 때문에 사람들 앞에 많이 나가곤 했다고 한다. 그러나 대학에 들어와서 P군은 술에 취한 때가 아니면 어디에 나서는 것을 좋아하지 않는다. 중·고등학교때 억지로 나가긴 했지만 P군 역시 남 앞에 나서는 것이 두렵다고 한다. 그 두려움이 언제 시작되었느냐는 질문에 P군은 한참 생각하더니 초등학교 시절을 언급한다.

"초등학교 6학년 때였어요. 음악 시간에 실기시험으로 리코더를 불었죠. 그런데 평소에 그렇게 잘 불어지던 리코더가 선생님 앞에 서자 소리가 나지 않는 거예요. 저는 불려고 삑삑거리며 안간힘을 썼고 아이들은 웃기 시작했죠. 계속 열심히 불었지만 리코더에서 소리는 나지 않았고 아이들이 웃는 소리를 들으며 내려왔던 기억이 있어요." 술에 취했을 때 앞에 나간 P군을 보면 그는 상당히 위트 있는 후배였고, 남 앞에서 나갈 것을 두려워 할 이유는 전혀 없는 사람이다. 그가 마신 술이 P군의 위트나 재치를 늘려줄 수는 없다. 다만 술은 P군이 마음속으로 가지고 있던 심리적인 두려움을 줄이는 역할을 했을 것이다.

사실 우리 주변에서 B양이나 K군 P군 같은 경우를 흔히 볼 수 있다. 사람들 앞에 나가서 이야기하는 것은 죽기보다 어려워하는 B양이나 K군이지만 분명 연단에만 올라가지 않으면 자기 생각도 있고 사람들과 이야기 나누는 것도 좋아한다. 만약 B양이 우리와의 조 발표 시간에, 혹은 토론 수업시간에 앞에 나갔더라면 어떻게 되었을까? K군이 서평 대신 발제를 했다면 어땠을까? 그들이 상상하던 것처럼 그렇게 끔찍한 경험을 다시 했을까? 결과는 아무도 모른다. 왜냐하면 시도하기도 전에 두 친구는 그 자리를 피하는 쪽을 선택했기 때문이다. 그리고 앞으로도 피하려고 한다면 선택은 하나일 것이다. 물론 그런 자리를 피해 다니는 것은 그들의 인생에서 가질 수 있는 기회를 조금씩 빼앗아 가겠지만… .

말하기에서 두려움이나 어려움을 느끼는 것은 비단 우리 학생들뿐만이 아니다. 학교 행사에서 자주 사회를 보시곤 하는 L교수님과 몇 달 전에 함께 식사를 한 적이 있다. L교수님은 이제 연세도 50이 넘으신 분으로 지난 수십 년간 서울대학교에서 수십 개의 강의를 하신 분이고, 수백 명 이상이 그 분의 강의를 들었다. 사람들 앞에서 말을 한다는 것에 대한 이야기가 나왔을 때 L교수님은 말씀하신다.

"학생들 3~40명 앉혀 놓고 하는 수업이야 많이 해보니까 괜찮은데, 그때 한번 500명 앞에서 이야기를 하려니까 이거 앞이 깜깜하더라고, 조명이 비치고 앞에 앉은 사람들은 다 나를 쳐다보지 뒤쪽은 어두워서 보이지도 않지. 강의실하고는 느낌이 완전히 달랐어. 계속 진행 맡게 되니 이제는 익숙해졌지만 처음엔 절대 그렇지 않았지. 허허…"

2005년 2학기에 우리 다담은 학내에서 신입 회원 공개 모집을 했다. 홍보가 잘되었는지 예상보다 많은 사람들이 시연회에 참석했다. 동아리에 가입하고 싶다고 한 지원자들에게는 자기소개와 지원동기 등을 쓰게 하는 지원서를 받았었다. 면접에 앞서 지원서를 검토해보았을 때 지원동기 난에서 가장 많이 볼 수 있었던 이야기는 '말하기에 있어서 점점 소심해지는 것 같다'였다. 많은 지원자들이 지원서에 쓴 소심해진다는 것의 의미와 정도는 차이가 있겠지만, 말하기에 있어서 불안한 마음이 든다는 것 그리고 그것을 바꾸어 보고 싶다는 것이 서울대학교의 많은 학생들이 말하기 동아리에 지원하게 되는 매우 중요한 요인이 되었던 것 같다.

몇 년 전 미국 대학생들에게 실시한 '당신이 가장 두렵게 생각하는 것이 무엇입니까?'라는 설문 조사 결과, 10위 안에 든 것들을 살펴보면 교통사고, 암, 진학불가능, 무차별 범죄에 등과 함께 '많은 사람 앞에서 말하기'가 꼽혔다. 많은 사람들 앞에 나서서 이야기를 한다는 것에 대한 불안은 불특정 다수가 갖고 있는 일반적인 현상이다. 그러나 그것이 문제가 되는 것은 그 불안과 두려움이 사람들 앞에서 말을 잘하는데 장애 요인이 된다는 점이다. 그리고 장애를 해결할 방법을 배운 적이 없었다.

우리의 중등교육과정인 중·고등학교에는 국어시간을 다른 과목에 비해 상대적으로 많이 배정하고 있다. 학생들은 이 시간에 국어를 배우고 작문은 따로 떼어서 배우기도 하지만 말하기에 대해서는 거의 배우지 않는다. 실제로 상하로 나뉘어져 있는 6차 교육과정 고등학교 국어책을 보자. 국어(상)권에 들어있는 10개 단원, 국어(하)권에 들어있는 6개 단원에 부록까지 모두 합하면 865페이지나 된다. 그런 국어책에도 각 단원마다 2페이지씩 하여 30페이지의 〈말하기 듣기〉라는 단원이 있을 뿐이다. 그나마 구색 맞추기로 들어가 있을 뿐이지, 실제로는 휙 지나가 버리기 십상이다. 7차 교육과정으로 갈수록 수행 평가 등을 활용하여 기존과는 다

른 방향으로 변하고 있다고 한다. 하지만 우리의 중등교육환경에
서는 선생님이나 학생의 특별한 의지가 없는 한 말하기에 대해서
체계적으로 학습할 기회가 거의 없는 것이 현실이다. 그래서 수능
출제위원장님께서 매년 말씀 하시는 '중등교육 과정을 성실하게
이수한' 학생들도 대학에 와서는 말하기에 대해 자신이 없는 것이
현실이다. 그 자신 없음은 결국 다시 두려움이 되고 두려움은 '말
하기'를 피하는 상황으로 이어진다.

L교수님처럼 남들 앞에서 항상 말을 해야 하는 사람이 아닐지
라도, B양이나 K군처럼 피할 수 있다 해도 그냥 피해 다니기에는
현실이 우리를 그렇게 두지 않는다. 모든 관계에서 말하기가 차지
하는 비중이 날로 커지기 때문이다.

2) 감각순응, 불안해소의 메커니즘

생물학에서 역치(値)란 반응을 일으키는 최소의 유효자극을
말한다. 역치의 크기는 사람마다 다르고 같은 사람이라도 각 기관
마다 차이가 있다. 그런데 역치는 한번 그 크기가 정해졌다고 해
서 계속 일정한 절대치로 존재하지는 않는다. 자극이 계속되면 수
용되는 감수성이 차차 변하는 '감각순응'을 일으키기도 한다. 쉽
게 말해 지속적으로 자극을 받으면 그것에 대한 반응이 차차 무뎌

지게 된다는 것이다. 처음 들어갈 때는 뜨거웠던 목욕탕의 물 온도가 몇 분이 지나면 익숙해지고 편안하게 느껴지는 것, 처음 만났을 때는 예쁘게만 보이던 연인이 점점 평범해 보이고, 좋아했던 음악이 계속 들으면 차차 시들해지는 것도 이와 비슷하다. 그렇지만 반대로 이별이나 마음에 상처와 같은 아픔이 계속 되지 않고 점점 약해지는 것도 이 때문이다.

　우리가 말하기를 두려워할 합리적인 이유가 별로 없다는 것을 알았다고 해도, 실제로 접하게 되는 말하기 상황에 대한 공포는 쉽게 사라지지 않을 것이다. 그것은 많은 사람들이 앞에서 나를 쳐다보는 상황자체가 하나의 자극이기 때문이다. 이 자극이 우리에게 반응을 일으키게 하는 역치를 넘었기 때문에 떨림과 두려움이 나타나는 것이다.

　수백 번의 강의를 명쾌하게 하셨던 L교수님이 500명 앞에서 처음 이야기를 하셨을 때, 오랜만에 떨림을 느꼈던 것도 청중이 늘어남에 따라 그 동안 익숙했던 역치 이상의 자극이 나타났기 때문이라고 설명할 수 있다. 이후 그 떨림이 사라진 것도 수백 명이 바라보는 자리에서 사회자를 맡은 몇 차례의 경험이 L교수님의 감각을 순응시켰기 때문. 물론 이처럼 늘어난 자극에 금방 익숙해진 이유는 L교수님의 과거 경험에 있을 것이다. 비록 수십 배의 많은 사람들이 자신을 쳐다본다는 새로운 자극에 대해서 떨림이라는 반응이 나타나기는 했지만, L교수님께는 과거의 비슷한 자극을 받아본 적이 있기 때문에 그에 대한 순응도 빨리 일어난 것이다. 이처럼 자극을 받으면 받을수록 우리는 그 자극과 반응에 쉽게 익숙해 질 수 있다.

이렇게 순응을 돕는 경험은 꼭 직업적으로 수십 년이나 숙달되어야만 가질 수 있는 것 같지는 않다. 서울대학교 학생들 중에는 중·고등학교 때 학급에 반장이었거나 전교 회장을 맡았던 경험이 있는 친구들이 많다. 서울대에 그런 학생들이 많은 이유는 서울대 학생들이 타교 학생들보다 특별히 뛰어난 리더십이 있거나 앞에 나서는 것을 좋아해서 그랬던 것은 아니다. 그것은 알다시피 우리의 중등교육과정은 시험점수를 숭상하고, 그래서 공부 잘하는 학생들에게 임원을 맡기는 경우가 많았기 때문이다. 자의로 했든 공부를 잘해서 억지로 선생님들이 시켰든 중·고등학교 때 임원을 맡아보는 것은 말하기에 있어 첫 번째 난관인, 앞에 나가는 것에 대한 두려움을 이기는데 좋은 경험이 된다. "회장을 하면 매주 한 번씩은 꼭 앞에 나가게 되잖아요. 학급회의나 아침 조회 때 말이죠. 처음엔 무슨 말을 해야 되는지도 모르겠고, 매주 선생님이 시키는게 참 싫었는데, 나중에는 익숙해지고 친구들한테 제 생각을 늘 말할 수 있다는 것이 참 좋더라구요." 경영학부 2학년생인 C군은 말한다. C군처럼 다른 학생들보다 남들 앞에서 이야기 해야만 하는 상황에 직면하고 그래서 익숙해질 기회가 많다는 것은, 말하기를 배우기 힘든 우리 중등 교육 상황에서는 분명 행운이었을 것이다. 그러나 이런 기회를 많은 사람들이 가질 수 없으며, 중·고등학교를 졸업해 버렸다면 이미 기회를 얻는 데에도 늦어진 것이다. 그렇지만 약간의 용기가 있다면 기회를 얻을 수 있는 다른 방법들이 있다. 이제부터 그 한 가지를 소개하고자 한다.

3) 말하기의 불안을 극복하는 방법

》 이제 시작하기 방안에서 분명히 말벌이 '윙윙'거리는 소리가 들리는데 그놈이 어디에 있는지 모른다면, 그처럼 불안한 일은 없다. 그렇지만 천장에 붙은 말벌이 확인된다면, 아직도 그 녀석은 당신을 곤란하게 하겠지만 더 이상 알지도 못하는 사이에 등 뒤에서 '콕' 찔릴까봐 걱정하는 일은 없을 것이다. 이제 남은 일은 창문을 열고 말벌을 날려버릴지 점프를 해서 콱 잡아버릴지를 선택하는 것뿐이다.

불안한 마음을 이기는 가장 좋은 방법은 바로 당신을 불안하게 만든 그 상황과 직접 대면하는 것이다. 말하기에 대한 불안에 있어서 이 방법의 효용성은 더욱 분명하다. 그렇지만 막상 사람들 앞에 나서서 이야기를 하려고 마음먹으면 막막한 느낌과 함께 '나가면 분명히 떨릴 텐데 어떻게 하지?' '내게 그런 용기가 있을까?'라는 생각이 앞서는 것이 사실이다. 용기는 공기 중에 산소처럼 보이지 않지만 누구에게나 분명히 존재한다. 영국의 문호이자 스피치의 명수로도 유명한 버나드 쇼는 용기에 관해 이런 말을 남겼다 "용기란 도망가고 싶을 때 남들보다 5분 더 참는 것이다." 미국의 남북전쟁 영웅이었던 한 장군이 남긴 말도 비슷하다 "용기란 두려움을 감추는 것에 불과하다." 청중들 앞에 나가서 손이 떨리고 목소리가 떨린다면, 그것 때문에 자리에서 주저하지 말고 나가서 떨어라. 두려움을 이기는 용기를 가졌다는 것은 앞에 나가서 떨지 않는 것이 아니다. 용기를 가졌다는 것은 나가서 떨 것을 알면서도 앞으로 나가는 것이다.

사실 중학교 3학년 때까지만 해도 나는 결코 연단이나 무대에 설 수 있는 사람이 아니었다. 남들 앞에 나가서 이야기를 하는 것은 고사하고, 손을 들어 질문하는 것조차 부끄러워서 피할 정도였다. 중학교 3학년 겨울 방학 무렵이었다. 말을 잘하고 싶었던 나는 어느 날 스피치에 관한 강연을 들었다. 한 시간 정도 되던 강연 중에 가장 인상 깊었던 부분은, 사람들 앞에서 말을 해야 하는 상황이 떨린다면 실제 일어날 수 있는 상황보다 더 떨리고 민망한 상황을 생각하며 연습을 해보라는 것이었다. 그런 연습을 하기 위해 강사는 무작정 버스를 타고 그 안에서 승객들에게 스피치를 해본 경험도 있다고 했다. 강연이 끝나고 돌아오는 길에 나는 종로3가역에서 당시 우리 집이었던 공덕역까지 오는 지하철 5호선을 탔다. 그리고 지하철의 2번째 문과 3번째 문 사이인 객차의 중앙에서서 앞에 보이는 승객들을 상대로 말을 하기 시작했다 "승객 여러분 안녕하십니까?" 그 순간 지하철 양 편에 앉아 있었던 승객들이 동시에 내 쪽으로 고개를 돌렸다. 그리고 수십 개의 눈들이 한꺼번에 나를 응시하기 시작했다. 일제히 쏟아지는 승객들의 눈빛을 본 순간 무언가가 나를 강타하는 것 같았다. 그 충격은 나를 당황시키기에 충분한 것이었지만 다시 말을 이어나갔다. "오늘 제가 여기 나온 이유는 물건을 팔러 나온 것도 아니고…." 나는 긴장하거나 흥분하면 말이 빨라지는 경향이 있는데, 그 때 말의 속도는 아마 누구도 알아들을 수 없는 정도였을 것이다. 그렇게 머릿속이 새하얗게 되어버린 상태로 2~3분간의 연설을 마쳤다. 연설이 끝난 뒤에는 다른 칸으로 옮겨 가겠다는 생각도 못한 채 한쪽 구석의 자리에 나도 모르게 앉았다. 자리에 앉아서 쿵덕거리는 가슴을 진정 시키고 있자 아주머니 한 분이 옆에 오셔서 말을 걸어 주셨다. "학생 말이 너무 빨라서 내가 잘 못 듣긴 했는데 말을 잘하고 싶다고?" 그 분은 연극을 하시는 분이셨고 나에게 몇 가지 좋은 충고와 용기를 북돋아 주는 말씀을 해주시고 가셨다. 그 날 이후 다음 날부터 나는 하루에 2번씩 지하철을 타곤 했다. 매번 지하철을 탈 때마다 '오늘은 하지 말까' 하는 생각이 내 머릿속을 채웠었다. 시작하기 위해 객차 중간으로 나갈 때부터 스피치를 끝내고 옆 칸으로 도망갈 때까지 가슴은 계속 뛰었다. 그 겨울에 나는 3~40번 정도 지하철을 탔고 탈 때마다 이 연습을 했다. 언제나 떨리는 것은 마찬가지였지만 그 연습이 스무 번이 넘어가면서부터는 딱 한 가지가 달라졌다. 할 때마다 점점 '이제 나는 언제라도 사람들 앞에 나설 수 있다'라는 확신이 생기는 것이었다. 그 겨울 지하철에서의 경험이 나를 유려하고 논리적인 말하기를 하는 스피커로 만들어 준 것은 아니었다. 그러나 그 경험은 앞에 나가는 것에 대한 불안과 망설임만큼은 분명하게 제거해 주었다. 그것이 나에게는 말하기의 시작이었다.

그렇다면 말하기의 두려움을 이기는 연습을 하기 위해 지하철을 선택한다면, 도대체 무슨 말을 해야 할까? 답은 '어떤 말이든 한다'이다. 이 연습의 목표는 '어떤 말' 보다는 '한다' 에 있기 때문이다. 그렇지만 글도 첫줄을 쓰는 것이 가장 어렵듯이 막상 이런 연습을 시작하려고 해도 처음에 무슨 말을 해야 할지가 참 고민이 될 것이다. 이러한 어려움을 줄이기 위해 시작 부분은 어느 정도 대사를 가지고 연습을 시작하는 것도 좋다. 앞 이야기에서도 언급했지만 나 같은 경우는 이렇게 시작한다. "지하철에 계신 승객 여러분 안녕하십니까. 오늘 제가 이렇게 여러분 앞에 선 이유는 물건을 팔기 위해서도 아니고 종교를 권유하기 위해서도 아닙니다. 그렇다고 제가 이 젊은 나이에 구걸을 하기 위해 나오지도 않았습니다. 그러면 제가 여기 왜 나왔느냐? (잠깐 멈춤) 그냥 나왔습니다"라는 서두를 시작으로 준비해간 짧은 이야기나 최근에 있었던 뉴스 등의 시사적인 상황에 대한 이야기 혹은 요즘 내 생활에 대한 이야기를 한다. 그리고 마지막에 끝까지 들어 주셔서 감사하다는 인사를 하고 말을 마친다. 서두를 뗀 뒤에 특별히 할 말이 없다면, 그냥 솔직하게 사람들 앞에서 이야기 하는 것이 두려워서 말하기 연습을 하고 싶어서, 나왔다고 해도 된다. 진지하고 솔직하게 자신의 이야기를 한다면, 당신이 아무리 더듬거리고 버벅거려도 지하철 안에는 분명히 당신을 위해서 박수를 쳐주는 사람이 있을 것이다. 그리고 그 박수는 당신에게 다음 칸으로 갈 용기를 줄 것이다.

일상에서 마주치게 되는 말하기 상황에서, 우리의 말을 들어주는 청중들은 대부분 호의적이다. 또한 앞에서 말하는 사람의 고충을 이해하려고 한다. 얼마 전 나는 다담을 대표하여 학사협의회에서 수십 명의 교수님들을 모시고 20여 분간 발표를 해야 할 일이 생겼다. PPT 준비를 하고 연습도 몇 차례나 했지만 막상 발표에 들어가서 말을 하면서는 점점 긴장되었다. 소개와 첫 부분 발표를 마치고도 긴장해 있는 내 자신을 느끼자 나는 양해를 구했다. "지난주부터 연습을 하긴 했지만 교수님들 앞에서 이렇게 발표를 하게 되니, 정말 떨립니다." 그러자 앉아 계시던 교수님들은 모두 안심하라는 웃음을 보여주셨고 그 중 몇 분은 박수를 쳐 주시기도 했다. 그러자 나의 긴장된 상태는 분명히 전보다 훨씬 줄어들기 시작했고 결국 끝까지 무사히 발표를 마칠 수 있었다.

지금 말하기가 두렵고 망설여지는 독자분께 나는 밖으로 나가서 지하철을 타고 말하기 연습을 시작하기를 권하고 싶다. 분명 어렵고 두려울 것이다. 하지만 만약 연습을 시작한다면, 오늘 당신을 처음 보았고 당신에 대해 알지도 못하지만, 남들 앞에서 말하기를 시작한 당신의 용기에 대해 호의적인 태도로 응원하고 격려하는 많은 사람들이 있음을 느끼게 될 것이다. 수십 번을 했지만 나도 객차에 탄 사람들 전체가 호응을 해 주었던 것은 몇 번 정도밖에 안된다. 그렇지만 언제나 따뜻한 미소와 박수로 용기를 낼 수 있도록 북돋아주시는 분들이 꼭 한두 분은 계셨다. 배우나 아나운서나 인기 있는 대중강사 같은 사람들도 무대에 설 때면 언제나 떨린다고 말한다. 하지만 그들은 다시 무대에 나가는 것을 주저하지 않을 뿐더러 기쁘게 다시 무대를 찾곤 한다. 남들 앞에 나가서 말을 한다는 것에 익숙해진 그들에게 있어서 떨림은 하나의 흥분이지 더 이상 공포가 아니기 때문이다. 자, 지금 시작해보자.

2

짧고 간결한 말하기를 위한
연습방법

- 감사기도가 길면 라면이 불어터진다 -

1) 좋은 연설가들의 공통점, 그것은 '짧고 간결하게'

톰 행크스가 열연한 영화 '캐스트 어웨이'는 무인도에서 혼자 살아가게 된 사람에 대한 이야기이다. 하루하루 바쁘게 살아가던 주인공 로랜드는 업무 차 떠난 여행에서 사고로 조난을 당한다. 바다를 표류하던 로랜드가 도착한 곳은 어느 외딴 무인도, 아무도 없는 곳에서 로랜드는 4년간 홀로 살아가게 된다. 어느 날 로랜드는 해변을 탐색하던 중 파도에 떠밀려온 배구공 하나를 발견한다. 로랜드는 그 배구공에 얼굴을 그리고 '윌슨'이라는 이름도 붙여준다. 문명사회에서는 일분일초를 다투며 살았던 로랜드였지만, 무인도에서는 섬을 탐색하는 일과 먹을 것을 구하는 일 말고는 할일이 없다. 로랜드는 남는 시간에 배구공 '윌슨'에게 하루 동안 섬에서 있었던 일과 자신의 생각들을 이야기하며 시간을 보낸다. '윌슨'은 외로운 로랜드의 이야기를 들어주는 유일한 사람이 된 것이다. 물론 '윌슨'은 사람이 아니라 배구공이기 때문에 로랜드의 이야기를 그저 하염없이 듣고 있을 뿐이다. 그렇지만 무한히 이어지는 이야기를 들을 때 사람들은 배구공과는 다른 반응을 보인다.

많은 사람들 앞에서 이야기를 할 때, 청중들은 배구공 '윌슨'과는 달리 계속 화자에게만 집중해 주지는 않는다. 청중들의 집중시간에 관한 연구 결과 초등학생은 3분, 중고생은 10분 정도, 일반적인 성인들도 한번에 15분 이상 말하는 사람의 이야기에 집중하기가 어렵다고 한다. 유머나 흥미 있는 이야기로 사람들을 이완시키고 관심을 끌어도 다시 일정한 시간이 지나면 집중력은 흐트러진다. 그리고 청중들이 말에 집중하는 정도도 시간에 비례해서 점점 떨어진다. 결국 많은 사람을 상대로 이야기해야 하는 자리라면 말이 길어질수록 그 말들이 듣는 사람에게 미치는 효과는 점점 줄어들기 마련이다. 반대로 짧은 이야기라도 분명한 메시지가 담겨 있다면 청중들은 그 말에 집중하고 감화된다. 그래서 유명한 연설가들은 이 점에 매우 주목하는 것 같다.

에이브레헴 링컨, 존. F 케네디, 윈스턴 처칠 이 세 사람의 공통점은 무엇일까? 딱 떠오르는 것은 세 사람 모두 한 나라의 지도자였다는 점이다. 그렇다면 세 사람의 연설 공통점은 무엇일까? 그것은 바로 세 사람 모두 짧고 간결한 연설을 선호했다는 점이다. 링컨이 1863년 11월에 했던 게티스버그 연설은 불멸의 스피치로 100년도 더 지난 지금까지 기억되지만 스피치를 한 시간은 5분도 걸리지 않았다. 케네디 또한 마찬가지이다. 대통령들이 하는 연설 중 가장 긴 것의 하나가 바로 취임사이다. 예를 들면 헨리 해리슨 대통령은 1841년 3월 4일 혹한 속에서 한 시간 이상이나 취임사를 했다. 그 때문에 그는 폐렴에 걸려 임기 시작 한 달 만에 유명을 달리하기도 했다. 반면 1961년 신임 대통령 케네디의 취임사는 15분도 걸리지 않았지만 그 취임사에서 그가 남긴 "국가가 여러분을 위해서 무엇을 해줄지 묻지 말고, 여러분이 국가를 위해 무엇을 할 수 있는가를 물어보라"라는 말은 지금까지도 널리 인용되고 있다. 2차 대전 초기 윈스턴 처칠은 1941년 10월 29일 모교인 해로우 스쿨에 가서 학생들에게 이렇게 말했다 "굴복해서는 안됩니다. 절대로 절대로 절대로 절대로 굴복하면 안돼요. 상대가 작든 크든 보잘것 없든 대단하든 굴하면 안됩니다. 명예와 선의를 제외하고는 그 어떤 것에도 굴복하면 안됩니다." 이것이 처칠이 한 연설의 전부였다. 세 사람 모두 뛰어난 지도자이고 뛰어난 지도자가 되기에 부족함이 없었던 연설 실력을 가지고 있었던 사람들이다. 그들이 짧은 연설을 선호한 것은 청중들에게 의사를 효과적으로 전달 하는 방법을 알고 있었기 때문이다.

2) "5분간 말씀하려면 준비시간이 얼마나 걸릴까요?"

미국의 28대 대통령인 토머스 우드로 윌슨(Thomas Woodrow Wilson)대통령은 웅변가로 유명했다. 제 1차 세계 대전 전후라는 역사적 격동기에 대통령직을 맡은 윌슨은 수많은 국제적 공식 회의 자리에서는 물론 미국의 일반 시민을 위해서도 많은 연설을 하고 다녔다. 이 윌슨 대통령에게 어느 날 한 기자가 물었다 "저희들에게 5분짜리 연설을 들려주시려면 보통 준비기간이 얼마나 필요하십니까?" "하루 정도는 밤낮으로 준비해야합니다" "그렇다면 30분 정도 말씀하시려면 어떻습니까?" "3시간 정도는 준비 해야지요" "그럼 연설 시간을 2시간으로 늘린다면요?" "두 시간이라고요? 그럼 지금 당장 시작합시다!" 윌슨 대통령의 예에서 볼 수 있듯이 유명한 연설가에게도 짧고 간결한 말하기는 쉬운 일은 아니다. 해야 할 말을 일정한 시간 안에 하려면 많은 준비가 필요하다. 준비 없이 무턱대고 짧게 말하려고 하다 보면 말하는 사람 자신이 무언가 빠뜨린 느낌을 받기 십상이다. 그러다 보면 다 끝나가는 것 같은데 "에, 마지막으로 한 가지만 더 말하겠습니다"라는 사족이 이어진다. (이 말을 강의 종료 시간 1분 전에 교수님께서 하시면 학생들은 굉장히 좌절한다.) 이쯤 되면 듣는 사람들은 마지막 한 가지에 대해 집중하기 보다는, 그 다음 할 일에 대해 생각하고 있다. 다시 한번 언급하지만 많은 청중들이 있는 자리에서 청중들에게 분명한 메시지를 효과적으로 전달 할 수 있는 가장 좋은 말하기는 간결한 말하기이다. 그렇지만 청중들을 배려한 간결한 말하기를 하면서도, 자신이 하고 싶은 이야기를 제대로 하려면 정해진 시간 안에 스피치를 하는 연습을 평소에 해두어야 한다.

3) 다담의 3분 스피치 연습방법

　대중가요 한곡의 길이는 평균 3~4분 정도인 경우가 많다. 거기에는 특별한 이유가 있어서가 아니라 과거 음악을 듣는 LP판 한 장의 용량이 그 정도였기 때문이다. 그러다 보니 이후에도 그 정도 길이로 작곡하는 것이 관례(?) 내지는 습관이 되었다고 한다. 요즘에야 음악을 저장할 수 있는 기기들의 용량이 무한정인지라 대중가요가 꼭 3분일 필요는 없고 그래서 훨씬 긴 노래들도 나오고 있다. 다담에서는 정해진 시간 안에 스피치를 연습하는 방법으로 '3분 스피치'라는 프로그램을 만들었다. 3분 스피치는 말 그대로 3분 동안 스피치를 하는 것이다. 다담에서는 3분 스피치 프로그램(다담에서는 이 프로그램들을 세션이라고 칭한다)이 있기 1주일 전에 회원들에게 주제를 공지한다. 3분 스피치의 주제는 '열정' '매력' '갈등'처럼 단어로 주어지는 경우도 있고 '무인도에 있는 당신에게 신이 3가지를 준다고 하면 무엇을 달라고 하겠는가?'처럼 문장으로 주어지기도 한다. 주제가 공지된 후 1주일간 회원들은 주제에 대해 스피치 준비를 해온다. 그리고 세션 시간에는 주제에 대해 3분간 이야기하고 회원들과 발표자가 서로 평가지를 통해 피드백을 해준다. 여기서 중요한 것은 첫 3분 스피치 후에 피드백을 참조하여 다시 3분간 이야기를 한다는 점이다. 두 번째 3분 스피치를 할 때는 첫 번째 스피치에서 자신이 아쉽다고 느끼는 부분과 피드백에 나온 점들을 참조하여 다시 해보는 것이다. 다담에서는 이렇게 같은 내용에 대해서 피드백을 받아 두 번째로 이야기해보는 연습을 통해 좀 더 간결하고 정교한 말하기를 할 수 있도록 연습하고 있다.

3분 스피치를 준비할 때 보통의 속도로 3분 동안 말하게 되는 분량은 약 800자 정도이다. 이것을 원고로 쓰면 흔히 쓰는 A4 용지에 10포인트로 타이핑하여 반 장 정도라고 생각하면 된다. 방송 아나운서들은 이보다 약간 빠른 속도인 1분에 300~350자 정도로 이야기를 한다. 하지만 일반인들이 이 정도 속도로 말을 하면 빨라서 알아듣기 어렵다. 아나운서들의 말이 이런 속도로 해도 잘 들리는 것은 그들의 발음이 매우 명료하기 때문이다. 실제로 많은 사람 앞에서 중요한 이야기를 해야 하는 상황이라면 말도 정리하고 걸리는 시간도 파악할 겸 들어가기 전에 원고를 한번 적어보는 것은 좋다. 하지만 연습 때 그것을 들고 들어가서 읽는 것은 좋지 않은 방법이다. 처칠은 원고를 읽는 것에 대해 이렇게 표현했다. '그는 연설문을 읽었소. 잘 읽지 못했소. 읽은 것은 무가치한 일이었소.' 이는 다소 거친 표현이지만 원고 읽기의 무익함을 잘 표현한 말이다. 원고를 들고 들어가면 아무래도 말을 하는 것이 아니라 주르륵 읽게 된다. 앞에서 이야기 하는 사람이 눈을 내리깔고 원고를 읽는다면 아무리 좋은 내용이라도 듣는 사람이 공감하기 어렵다. 왜냐하면 말하는 사람과 듣는 사람간의 '대면적인' 접촉이 이루어지지 않기 때문이다. 이는 마치 거실에서 TV는 혼자 떠들고 사람들은 자기 할 일을 하는 모양과 다르지 않다.

그래서 우리 다담에서도 3분 스피치 세션 시간에 원고를 모두 적어오는 것은 금하고 있다. 처음 원고를 적어오지 않고 하는 3분 스피치 세션을 진행할 때는 주어진 시간을 초과하여 스탑워치의 '삑' 소리를 듣고야 어색한 얼굴로 내려오는 회원들도 있었고, 평소와는 달리 말이 꼬여서 당황하는 모습들도 많이 볼 수 있었다. (다담 세션 시간에는 시간 안에 모든 회원들이 세션에 참여할 수 있게 하기 위해, 주어진 시간에서 허용범위 이상 넘기면 바로 종료 시킨다.) 그렇지만 몇 차례 경험을 통해 시행착오를 거치며 다담회원들은 차차 3분 안에 말할 수 있도록 내용을 구성해 왔고, 점점 주어진 시간 안에 본인들이 구성한대로 말을 풀어나가기 시작했다. 한 가지 주제를 선정하여 정확히 3분이라는 시간 동안 그 내용에 대해서 말하기를 하는 것을 시도해보자. 처음에는 '이 주제가 3분 안에 이야기 할 수 없는 주제는 아닌가?' 하는 생각도 들겠지만, 조금씩 바꾸어가며 3분 안에 그 주제를 넣을 수 있도록 연습한다면 자신의 말하기가 조금씩 더 정교해지고 간결해지고 있다는 것을 느낄 수 있을 것이다. 감사기도가 길면 앞에 있는 라면이 불어터진다. 아무리 좋은 이야기라도 듣는 사람들이 길게 느껴지면 그 순간 그것은 지루하고 불필요한 이야기가 되어버린다. "진정한 발표란 필요한 것을 전부 말하는 것이 아니라, 필요치 않은 것은 일절 말하지 않는데 있다." 프랑스 작가인 라 로슈푸코가 남긴 말이다.

3

넓고도 깊은
말하기를 위한 연습방법

- 세상에는 옳은 것도 없고 그른 것도 없다 -
(俄則異於是 無可無不可)

1) 세상 그 어디에나 논리와 타당성은 있다

요즘은 덜하지만 몇 년 전만 해도 교내를 거닐다 보면, 학교 곳곳에서 중간 중간에 "~~맞서 투쟁하자"내지는 "~~~는 퇴진하라" 등의 구호를 외치며 열변을 토하는 운동권 학생들을 자주 볼 수 있었다. 그들은 자신들이 옳다고 믿는 일들을 위해 자기 시간을 내어가며 열심이 외치고 있지만, 듣는 사람은 거의 없고 학생들은 제 갈 길만 간다. 또한 이들이 주최하는 토론회나 세미나를 열어도 학생들은 그다지 관심을 가지지 않는다. 길거리에서야 다들 가던 길이 있어서 못 듣는 것이겠지만, 토론회나 강연회에도 관심을 기울이는 사람이 별로 없는 것은 비단 학생들의 성향이 변해서만은 아닌 것 같다. 그 이유는 그들이 후원하는 토론회나 강연회에 한 번만 참석 해보면 알 수 있다. 예를 들어 신자유주의에 관한 운동권 학생들의 강연회가 있다고 하자 신입생이나 그 문제에 관심을 가지고 온 학생들이 그 곳에서 신자유주의의 다양한 면에 대해서 알게 되기보다는 "그것은 순 해악 덩어리이며 음모이고 누군가를 죽이기 위해서 정부와 부자들이 결탁한 일이다"라는 강경 일변도의 과격한 주장과 그를 뒷받침하는 사례만을 듣고 오게된다. 강연의 목적이 정보를 알리기보다는 함께 투쟁을 하도록 권유하기 위한 것인지라 그럴 만도 하지만, 한 입장만을 강조한 이야기는 사람의 마음을 움직일 만큼 설득적이지 못하다.

이런 광경은 학생운동권 안에서만 나타나는 것은 아니다. 애견인이 말한다. "어떻게 그 귀여운 개를 먹을 수 있죠?" 이에 보신탕 애호가는 대답한다. " 영양가도 있고 맛있는 것을 먹는데 무슨 문제가 있죠?" "모든 낙태는 태어나지 못한 생명에 대한 살인이며 죄악이다"라고 말하는 사람이 있는 반면 "원치 않는 임신으로 인해 피해 받는 여성들을 구제해야 한다"고 생각 하는 사람도 있다. 농민 단체에서는 '농민 생존권을 위한 쌀 수입 개방결사 반대'를 외치지만 외교통상부에서는 '농산물 시장 개방의 불가피성'을 든다. 이처럼 관점과 입장에 따라 사람들의 생각은 매우 달라서 상대 입장에 서보기까지는 서로의 생각을 이해하기는 매우 어렵다.

대부분의 경우 사회에서 집단과 집단 혹은 개인과 개인 간에 의견 차이가 있을 때 양쪽 모두 나름대로의 논리와 타당성이 있다. 한 집단이나 개인은 상대 집단 혹은 다른 개인에게 자신들의 논리와 타당성을 입증하고 설득시키려고 노력한다. 그렇지만 이렇게 상대를 설득시키려고만 한다면 상대측은 쉽게 받아들일 수도, 공감할 수도 없을 것이다. 그것은 한쪽이 답답한 사람이기 때문이 아니라, 양 측의 기반이 되는 논리와 중시하는 가치가 다르기 때문이다. 우리가 사는 사회에 이런 논쟁은 수도 없이 많다. 그리고 한쪽으로 결론을 내려 해결하기에는 매우 어려운 점들이 많다.

　양쪽 모두 논리와 타당성을 가지고 있기에 쉽게 해결할 수 없는 논쟁 중 하나인, 안락사에 관한 논쟁의 주장과 근거들을 예로 들어보자.
　안락사는 환자를 죽음에 이르도록 어떤 직접적인 행위를 하느냐, 아니면 단순히 인위적인 생명연장 장치를 제거함으로써 죽게 하느냐에 따라서 적극적 안락사와 소극적 안락사로 나뉜다. 안락사에 대한 찬성과 반대의 논리적 근거는 양쪽 모두 팽팽하다.

① 삶의 질과 인간의 자유의지를 중시한다.

② 상황과 조건만 충족된다면 생명에 대한 결정권은 환자 본인에게 있다는 것이다.

③ 개인에게 있어서 삶이라는 것은 인간답게 살 수 있어야 의미가 있는 것인데, 치료 불가능한 상황에서 생명유지 장치에 기대어 매일 매일 고통을 받으면서 죽을 날만 기다리는 것은 죽음보다 못하다고 믿는다.

④ 또한 안락사를 인정하지 않고 겨우 생명만 연장하게 하는 무의미한 치료를 계속 하는 것은 환자 자신과 가족에게 심적·경제적 고통도 가져오는 일임에 주목한다.

⑤ 그들은 안락사를 허용함으로 인해 나타날 수 있는 사회적 부작용은 안락사가 가능한 사람에 대한 엄격한 기준과 조건을 세워서 해결해야 한다고 생각한다.

⑥ 그래서 안락사 찬성론자들은 회복 불가능한 육체적 장애로 고통 받는 사람들에게는 본인이 자신의 삶을 결정할 권리를 주어야 한다고 주장한다.

>> 반대하는 측

① 인간의 생명이 가진 가치 그 자체를 중시한다.

② 인간의 생명이란 다른 어떤 것과도 바꿀 수 없는 고귀한 가치를 가진 것이기 때문에, 그것을 인위적으로 포기하도록 해서는 안

된다는 것이다.

③ 개인의 요청이 있더라도 의료인이 안락사를 돕는 행위를 하는 것은 명백한 살인행위라고 믿는다.

④ 또한 과연 환자의 상태가 회복 불가능한 것인지 정확하게 판단하기 어렵다는 것, 그리고 안락사를 인정하는 것 자체가 생명 경시 풍조를 낳고 장기매매나 경제적 능력이 취약한 사람들에게 남용될 수 있는 부작용이 나타날 수 있다는 점에 주목한다.

⑤ 그들은 한 인간이 가진 생명의 존엄성과 가치를 유지하는 일이 무엇보다도 중요하다고 생각한다.

⑥ 그래서 안락사 반대론자들은 안락사는 사회적으로 결코 허용되어서는 안 되는 일이라고 주장한다.

안락사에 찬성하는 측과 반대하는 측은 인간의 존엄성이라는 것을 자유의지나 생명 자체의 가치냐에 따라 다르게 판단하고 있고, 그 판단의 기준이 다르기 때문에 어느 쪽이 맞다고 손을 들어줄 수 없다. 이러한 안락사에 대한 논쟁이 논쟁으로만 그치지 않은 예가 있다. 영국에 미스비 라는 전신 마비 여성은 43세에 영국 고등법원에 항소하여 '생명연장만을 위한 치료를 거부할 권리'를 인정받고 죽기도 했고, 미국에 케보키언이라는 의사는 1998년 루게릭병을 앓고 있는 유크라는 사람에게 약을 투여하여 죽는 것을 도와주었다가 2급 살인죄로 유죄판결을 받기도 했다. 두 사건은 소극적 안락사와 적극적 안락사라는 차이가 있지만 그 행동의 근저에는 안락사에 대한 찬반 양쪽의 가치관이 들어 있다. 두 주장 모두 올바른 가치관과 실현 가능성 있는 근거들에 의해 뒷받침되고 있기 때문에 어느 한쪽 주장만을 알고 있어서는 타당한 결론을 내리기가 어렵다.

2) 양측 입장을 아는 것만을 넘어서

논어의 제 18편인 미자 편에 공자가 한 말 중에 이런 구절이 있다. "俄則異於是 하여 無可無不可 라" 이는 '나는 이 사람들과는 다르게 살지만 그들 사이에 옳고 그른 것은 없다'라는 뜻이다. 은나라가 망하고 주나라가 들어서자 은나라 선비였던 백이와 숙제는 수양산에 들어가서 나오지 않고 굶어 죽었다. 반면 유하혜와 서연이라는 선비는 산으로 들어가지 않고 주나라 관직에 올라 좋은 정치를 하였다. 어느 날 공자의 제자들은 그 일을 놓고 뜻과 절개를 지키기 위해서 죽은 백이 숙제가 옳으냐 아니면 현실에서 말과 행동을 바르게 하여 정치를 잘한 유하혜와 서연이 옳으냐에 대해 논쟁을 한 모양이다. 절개를 지키는 것이 더 중요한지 아니면 세상에 옳은 일을 하는 것이 더 중요한지를 묻는 제자들의 질문에 공자는 '俄則異於是(아측이어시)하여 無可無不可(무가무불가)라' '나는 이 사람들과는 다르게 살지만 그들 사이에 옳고 그른 것은 없다'라고 대답한다. 우리가 생각하기에 무엇이 옳고 무엇이 그른가에 대해서 평생 말하고 다닌 사람인 공자조차도 논어의 한 구절에서 이런 말을 한 걸 보면, 옳고 그름을 안다는 것, 그 옳고 그름이 존재한다는 것조차 매우 어려운 일인 듯하다. 이렇게 옳고 그른 것도 알 수 없고, 사람마다 생각이 다 다른데 무엇을 어떻게 이야기해야 할까?

모 방송국의 시사 프로그램 '손석희의 시선집중'은 많은 이들에게 꾸준히 인기를 얻고 있는데, 중요한 이유로 두 가지를 꼽을 수 있을 것 같다. 첫 번째는 손석희 아나운서의 진행 때문이다. 그의 진행의 장점은 출연한 게스트에게 질문할 때 잘 드러난다. 손석희 아나운서의 질문은 간략하고 명확하다. 이어지는 논평 또한 군더더기 없이 깔끔하다. 듣고 있으면 문제의 핵심이 대나무 쪼개지듯 직선적으로 드러난다. 두 번째는 바로 문제에 대해 접근하는 프로그램의 구성방식 때문이다. 시선집중은 대립하는 어떤 문제가 있을 때 어느 한쪽의 이야기만을 담지 않는다. 양측의 대표적인 사람들을 등장시키고, 질문과 답변을 통해 자신들의 입장을 명확하게 표현하게 한다. 그리고 듣고 있는 청취자들이 양측의 입장과 그 차이를 분명하게 알 수 있게 도와준다. 그래서 듣다가 결국 추가 한쪽으로 기울게 되어도 뭔가 잘못된 듯한 찜찜함이 남지 않는다. 오히려 통쾌하고 시원하다.

위와 같은 프로그램 진행방식의 장점은 대립하는 문제나 가치관에 대해서 양측의 당사자들이 나와서 이야기하기 때문에 빛을 발한다. '자기 몸은 자기가 제일 잘 안다'라는 말이 있듯 당사자는 내용, 그 이상의 것을 전달 할 수 있다. 이것을 통해 듣는 사람들은 더욱 정확하고 보다 능동적으로 판단할 수 있고, 나아가서는 하나의 입장에 공감하도록 이끄는 힘이 있다. 한 사람의 스피커로서 자신의 이야기만이 아니라 반대쪽의 이야기도 정확하게 담아내어 사람들의 공감을 얻으려면, 단순히 몇 가지의 지식과 주장에 대해 '아는 것'을 넘어 양측의 입장에 대한 '충분한 이해를' 바탕으로 해야만 한다.

3) 관점을 뛰어넘는 연습

다담 의회식 토론　　　우리 다담에서는 자신이 가진 관점과는 다른 관점을 이해하고, 그러한 이해를 바탕으로 더욱 풍성한 말하기 연습방법으로 의회식 토론을 택했다. 의회식 토론은 영국 의회에서 정부측과 야당측이 앞에 나와서 의원들을 대상으로 자신들의 주장을 피력하던 것을 모방한 토론 방식이다. 이 방식은 현재 미국 및 영국의 고등학교나 대학간의 토론대회에서 사용되는 방식으로, 지금까지의 여러 토론형식과는 달리 논제에 긍정하는 정부측과 이에 반대하는 야당측이 서로 경쟁하는 방식이다. 이 프로그램을 다담에서는 세션에 알맞게 약간 변형하여 진행하고 있다. 다담의 의회식 토론 세션은 한 사람이 주제를 정해온다. 하지만 주제를 미리 공표하지는 않는다. 토론 시작 시간 20분 전, 주제가 발표되고 찬성과 반대를 맡을 사람들이 무작위로 정해진다. 참가자들은 찬성측과 반대측으로 나뉘어 팀끼리 20분간 자신들이 맡은 입장에 대해서 토론할 준비를 한다. 의회식 토론 연습에서는 찬성과 반대가 참가자의 선호에 의해서가 아니라 무작위로 정해지기 때문에 자신이 가지고 있던 입장과는 반대되는 입장을 맡게 될 경우도 있다. 예를 들면 '남자라면 모두 군대를 꼭 가야한다'고 생각하는 남성이 대체복무제 찬성하는 입장에서 이야기를 해야 하기도 하고, 평소 성 상품화를 반대하는 가치관을 지닌 여성이 공창제가 필요하다는 논리를 펼쳐야 할 때가 있다. 처음 의회식 토론 연습을 하면서 자신의 신념과 배치되는 쪽에 서게 되면, 도대체 무슨 말을 해야 할지 모르겠다는 생각도 든다. 그렇지만 곧 있을 토론을 앞두고 20분간 열심히 논거를 생각해보고 논리를 구성하다 보면 평소 자신의 신념과 배치되는 쪽에도 일견 타당한 부분이 있으며 두 가지 입장에 대해서 조금 더 객관적인 시각을 가지고 볼 수 있는 기회가 된다. 더 재미있는 것은 의회식 토론 시, 찬성 또는 반대를 한 입장에서 이야기를 하다 보면, 평소에는 아니라고 여겼던 생각들에 대해서 그럴 수도 있겠구나 하고 수긍하는 정도가 아니라 생각이 바뀌어서 "이쪽이 더 옳다"라고 여겨지기도 한다. 프랑스인들이 매우 중요하게 여기는 가치관 중에 '똘레랑스'라는 것이 있다. 똘레랑스는 우리말로 번역하면 넓은 의미의 관용과 비슷하다. 단순히 잘못을 용서하는 것이 아닌 나와는 다른 생각에 대해 동의하지는 않지만 용인하는 것이다. 의회식 토론을 통해 자기의 입장과 다른 쪽의 입장을 생각해보고, 그것을 실제로 말하고 주장해보는 과정속에서 우리는 조금 더 똘레랑스적인 즉 관용적이고 좀 더 넓고도 깊은 생각과 말 하는 연습을 하게 되는 것이다. 또한 의회식 토론 연습은 준비시간 20분 안에 자기가 입론자로 나서서 7분 동안(다담의 경우는 약식으로 5분 간) 이야기를 할 내용을 준비해야 함으로, 짧은 시간 안에 말을 구성하고 발표하는 능력을 키울 수도 있다.

4

자신의 말하기를
알기 위한 연습방법

- 지기지기(知己知己)면 일신우일신(日新又日新)이리니… -

1) 말은 거울로 볼 수 없다

보이스 레코더나 MP3플레이어를 이용하여 자신의 목소리를 녹음해서 들어보면 평소에 말을 하면서 듣던 내 목소리와는 많이 다르게 느껴진다. 그런데 친구들에게 녹음된 내 목소리를 들려주고 원래 목소리와 다르지 않느냐고 물어본다면 친구는 평소의 목소리와 똑같다고 할 것이다. 사실 내가 듣는 내 목소리와 다른 사람이 듣는 내 목소리는 다르다. 내가 듣는 나의 목소리는 입을 통해 나온 목소리뿐 아니라 성대에서 두개골의 뼈와 살을 통해 전달되는 소리들이 합성되어 들리는 것이라고 한다. 그렇지만 녹음된 목소리는 입을 통해 밖으로 나온 소리만이 녹음된 것이다. 그래서 녹음된 목소리를 들어보면 내가 평소에 말을 하면서 듣는 소리와는 다른 소리로 들리는 것이다. 그렇지만 다른 사람들은 내 입에서 나오는 목소리만을 듣기 때문에 내게는 왠지 어색한 녹음된 목소리가, 바로 평소에 다른 사람들이 듣던 내 목소리인 것이다. 그러므로 실제로 다른 사람들에게 들리는 내 목소리는 평소 내 목소리라고 생각하던 그 소리가 아니라 녹음된 목소리다. 말하기는 목소리를 통해 전달된다. 그렇지만 우리가 평소에 말하기에서 잘 알지 못하는 부분은 목소리만은 아니다.

나른한 5월 점심시간이 막 지난 1시경이다. 학교에서 핵심교양으로 지정되어 있는 A교수님의 강의가 시작되었다.

" 에… 우리가 당시 그러한 상황을 이와 같이 이해하기 위해서는 에…. 그렇게 당시 사람들이 이와 같은 생각을 그렇게 하게 된 까닭을, 에.. 알 수 있도록 하는 그러한 자료들을 수집해야 합니다. 에…. 거기서 찾을 수 있는 그런 것들을 모아서 에… "

뒤쪽 여기저기서 꾸벅꾸벅 조는 학생들이 생겨나기 시작한다. 높낮이를 느낄 수 없는 교수님의 평평한 어조와 계속적으로 사용되는 지시어들 속에서 학생들은 하나하나 집중력을 잃어가고 5월 따스한 햇살에 포로가 되어 낮잠 속으로 끌려들어간다. 고개를 수그리는 학생들의 귓전에는 "에…"하는 소리만이 맴돌 뿐이다.

A교수님이 수업하시는 내용은 학생들이 흥미 있어 할 만큼 상당히 진보적인 학설이었고, 교수님은 그 분야에 대해서 책도 몇 권 내시고 해외의 학회에서도 중요한 역할을 맡으신 분이었다. 그렇지만 교수님의 수업은 그 내용이 학생들에게 충분히 전달되지 않는 경우가 종종 있다. 그럴 때면 '우리는 진리를 알 수 없고, 설사 진리를 안다고 해도 그것을 남에게 전달할 수가 없다'라는 아테네의 소피스트 프로타고라스의 말이 떠오르기도 한다. 사실 A교수님의 수업이 언제나 학생들을 졸리게 하는 것은 아니다. 상황을 서술하실 때 계속 사용 하시는 지시어와 책 읽는 듯한 어조 그리고 교수님도 모르게 나오는 '에…' 하는 간투사만 없다면 내용 상으로는 정말 좋은 수업이기도 하다. 시력 2.0이 넘는 사람도 거울을 보지 않고서는 자신의 눈썹을 볼 수 없듯이, 많은 지식이 있어도 그것을 다른 사람들에게 전달할 때의 말하기를 스스로 알기는 어려운 법이다.

우리의 말하기를 더욱 멋진 것으로 만들기 위해서는 먼저 자신의 말하기 특징에 대한 이해가 필요하다. 사람마다 목소리가 다 다르듯이 그들의 말하기는 모두 고유한 개성이 있다. 어떤 한 가지 방법의 말하기를 놓고서 '이것이 좋은 말하기이다'라고 단정 짓기는 어렵다. 하지만 사람들에게 자기 생각을 전달하고 받아들이게 하는데 있어서 좀 더 효과적이라고 할 수 있는 말하기의 특징들은 분명히 존재한다. 이 장에서는 자기 말하기의 특징을 이해

하는데 도움을 줄 수 있는 자기 알기 방법 세 가지를 소개하고자
한다.

2) 자기 알기 방법

1》 주변사람들에게 평가받기　　　　첫 번째로 자신의 말하기가 남들에
게 어떻게 들리는지 알 수 있는 가장 기본이 되는 방법은 '주변 사
람들에게 평가 받기'이다. 다담이라는 말하기 동아리를 하고 있는
나 같은 경우는 동아리에서 세션을 한 후에, 회원들끼리 주고받는
코멘트나 평가서를 많이 받는 편이고 그것이 내 말하기의 특징을
하나하나 알아나가는데 큰 도움이 된다. 그렇지만 꼭 집단에 소속
되어 있지 않아도 받을 수 있는 방법은 많다. 나는 말하기를 해야
하는 중요한 자리가 있을 때면 늘 주위의 친구들이나 선후배들에
게 한번 들어봐 달라고 부탁한다. 친구나 선후배들이 모두 스피치
커뮤니케이션의 전문가들은 아니지만 그들의 의견을 구하는 것은
분명히 도움이 된다. 주변사람들의 평가는 바로 우리의 스피치를
듣고 받은 느낌을 부담 없이 말해준다는 장점이 있다. 물론 그들
의 느낌은 주관적인 것일 수도 있다. 하지만 한두 사람이 아니라
여러 사람에게 공통적으로 나오는 이야기라면 그것은 중요한 자
리에서 말을 듣게 될 청중들도 똑같은 반응을 보일 것이다. 주변
사람들에게 "이번에 제가 중요한 자리에서 이야기해야 하는 내용

인데 한번 들어봐 주십시오"라고 부탁을 하면 대부분은 기분 좋게 도움을 주려고 한다. 그 중에는 이미 알고 있었던 것도 있지만, 내가 혼자 준비할 때는 미처 생각하지 못했던 버릇이나, 내용에 미진한 부분들에 대한 좋은 의견들도 나오기 마련이다.

2〉〉 전사하기   아까 앞에서 언급한 A교수님의 말하기 중에 '에'라는 간투사를 많이 사용하는 습관 같은 것은, 듣는 사람은 쉽게 느낄 수 있지만 말하는 사람은 잘 모르는 경우가 많다. 사실 나도 말을 할 때 잘 생각이 나지 않는 부분에 이르면 생각을 하면서 '어'라는 소리를 내는 경우가 있다. 이럴 때 나는 한참 다음에 할 말을 생각 하고 있는 중이라 내가 '어'라고 말했는지도 인식 못한다. 이렇게 본인은 인식 못하는 나쁜 말하기 습관을 스스로 알아내는 좋은 방법이 있는데, 그 방법은 바로 '전사(傳寫)하기'이다. 이 방법은 내가 2005년 2학기 '국어화법' 시간에 박재현 선생님께 배운 방법이다. 전사하기란 쉽게 말해서 자기가 한 말을 직접 받아 적어 보는 것이다. 먼저 비디오를 찍거나 보이스 레코더 등을 사용하여 자기 스피치를 녹음한다. 그리고 그냥 듣는 것이 아니라 그것을 받아 적으면서 듣는 것이다. 받아 적을 때는 적당히 받아 적는 것이 아니라 '에' '어' '저' 같은 간투사들은 물론 머뭇거리는 것까지 모두 표시를 해야 한다. 1초를 멈추면 점 1개 2초를 멈추면 점 2개 이런 식으로 표시한다. 보통 10분 정도 스피치 한 내용을 정확하게 받아 적으려면 1시간 반 정도 걸린다. 한 시간 이상

걸리고 자기 말을 받아 적으려니 재미도 없는 귀찮은 작업이긴 하지만 꼭 해보라고 권하고 싶다. 나도 처음에는 스스로 한 것이 아니라 수업의 과제였기 때문에 했지만, 하고 나서는 좋은 방법이라는 것을 인정하게 됐다. 전사를 해보면 그냥 말하거나 녹음한 것을 들을 때와는 비교도 할 수 없을 정도로 자신의 말하기에 세부적인 특징에 대해서 더 많은 것을 알게 된다. 아래는 '서울대학교 중앙도서관을 개방해야 한다'라는 주제로 원고 없이 개요서만으로 10분 스피치를 한 것을 전사한 내용의 일부이다.

(전략)……어 저는 어- 오늘 서울대학교 중앙도서관 개방에 대해서 이야기 하려고 합니다 어- 개방 이후 죄송합니다.. 개방이 개방의 대상이 되는 중앙도서관은 크게 열람실과 자료실이라는 두 곳으로 나눌 수 있습니다. 열람실이라는 곳은 학생들이 공부하는 곳이고 자료실은.. 자료실은 책이 있는 곳입니다 음~ 그리고 이 개방에 대한 논의는 개방의 정도에 따라서 완전개방과 제한개방 완전 불개방 세 가지로 나눌 수 있을 것 같습니다.. 학우여러분.. 저는 우리학.. 우리 서울대학교 중앙도서관의 완전개방을 주장합니다. 이걸 주장하는 것은 여러 가지 이유가 있겠지만 제가 도서관을 잘 안가는 학생이라는 그런 것은 분명히 아닙니다. 어- 먼저 여러분의 청취를 돕기 위해 현재 중앙도서관에 대해 말씀드리겠습니다.. 그 상황에 대해 말씀드리겠습니다.(후략)

위에서 전사한 내용을 보면 이 스피치의 문제점이 그대로 드러난다. 위의 내용을 실제로 들어보면 1분 정도 되는 분량인데 '어-' 나 '후' '음' 등의 간투사가 6번이나 들어가고 '자료실은.. 자료실 은 책이 있는 곳입니다' '우리학..' 우리서울대학교 중앙도서관의' 에서 볼 수 있듯 말이 끊기면 앞에 했던 말을 다시 반복한다는 것 을 알 수 있다. 위의 예시는 부분적으로 따온 것이다. 전체적인 원 고를 보며 분석을 해본다면 자신의 말하기의 습관들을 더욱 자세 히 알아 낼 수 있을 것이다. 원고를 읽는 스피치 말고 즉흥적인 스 피치를 한 뒤 그것을 녹화하고 전사해보자. 전사해보면 현재 내 말하기의 현주소가 명확하게 드러난다. 전사하기를 통해 자신의 말하기를 알고, 좋지 못한 표현 또는 자주 쓰는 말들이나 버릇들 에 대해서 인식하고 고쳐나가려고 한다면 다음 번 스피치때는 분 명히 더 좋은 스피커가 되어 있을 것이다.

3》 느낌 평가표로 평가받기　　　두 번째 방법이었던 전사하기가 분 석을 통해 자기 말하기의 세부적인 내용을 알아내는 방법이라면, 세 번째 방법인 '느낌평가표'로 평가받기는 자기가 말할 때 사람 들이 느끼는 일반적이고 대략적인 느낌을 알아내는 방법이다. 아 래의 느낌 평가표는 다담 세션 때 스피치 후 회원들끼리 하는 코 멘트 시간이나 3분 스피치, 국회식 토론 평가지에서 자주 나오는 평들을 바탕으로 만든 것이다. 여기에는 일반적으로 자주 나타나 는 개인들의 습관과 스피치에 대한 느낌들이 적혀있다. 스피치에 관심을 가지고 많이 평가를 해본 사람들이 아니면 코멘트를 할 때

어떤 점들을 짚어서 평가해야 할지 막막할 경우가 많다. 그렇지만 말하기의 여러 가지 특징에 대해 적혀있는 느낌 평가표를 보면서 평가를 하면, 평소 특별한 관심이 없는 사람이라도 그냥 듣고 코멘트를 할 때 놓치기 쉬운 느낌까지 표시해주는 장점이 있다. 느낌평가표를 사용하는 방법은 간단하다. 연습하는 사람의 말하기를 편안하게 들으면서 평가표에 나오는 느낌이 들 때 동그라미를 치면 된다. 예를 들어 '말이 빠른 것 같다'라든가 '차분해 보인다'라는 느낌이 들면 평가표에 있는 '말이 빠르다' '차분하다'라는 항목에 동그라미를 친다. 들으면서 '빠르다'나 '느리다'라는 생각을 못했거나, 특별히 '차분하다 혹은 열정적이다'라는 느낌을 받지 못했다면 그것은 스피치에서 두드러지게 나타나는 부분이 아니었기 때문에 꼭 더 가까운 느낌에 동그라미를 칠 필요는 없고 그냥 넘어가면, 된다. 말하기를 연습할 때 아래 평가표를 복사해서 듣는 사람들에게 나누어 주고 평가해 달라고 부탁해보자. 다른 사람들이 느낌평가표에 표시한 내용이 평소 당신이 생각했던 것일 수도 있고, 아니면 전혀 몰랐거나, 생각했던 것과 반대라고 느껴지는 부분도 있을 것이다. 만약 전혀 생각지 못한 부분, 생각하던 것과 반대라고 느껴지는 평가가 더 많아도 실망할 필요는 없다. 그동안 몰랐던 사실을 알았다면 그것을 바탕으로 고쳐나가는 것은 그리 어렵지 않기 때문.

〈느낌 평가표〉

말이 빠르다	자신감 있는
말이 느리다	부끄러워하는
발음이 명확하다	차분함
발음이 불분명하다	산만함
목소리가 크다	냉정함
목소리가 작다	딱딱함
더듬는다	열정적임
목소리가 단조롭다	솔직함
목소리에 악센트가 강하다	경직된
사투리를 자주 쓴다	공손한
손짓이 많다	급한
포즈가 길다	회의적인
간투사가 많다 (에..어..음)	냉소적인
떨고 있는	빈정되는
웅얼거리는	편안하다
입맛을 자주 다신다(스읍..등)	불안하다
몸을 자주 흔든다	재미있는
다리를 떤다	사려깊은
청중들을 고르게 본다	확신에 찬
땅 혹은 천장을 보고 말한다	객관적인
머뭇거린다	주관적인
말이 계속 이어진다	여유있는
너무 자주 웃는다	친절한
표정이 경직 되어있다	무뚝뚝한

손자병법으로 유명한 중국 춘추시대의 전략가 손무는 그의 손자병법에서 '지피지기면 백전불태(知彼知己 白戰不殆)'라고 했다. 자기를 알고 남을 알면 백번 싸워도 위태롭지 않다는 뜻이다. 위험한 전쟁에서도 상대를 알고 자신을 알면 아주 위태로운 상황은 피해나갈 수 있다. 여기서 더 중요한 것은 남을 아는 것보다 자신을 아는 것이다. 상황이 어떻게 바뀌어 나가든 결국 모든 행동을 하는 것은 자기 자신이기 때문. 말하기에서 청중을 분석하고 그들에 맞추어 말하는 것도 물론 중요하지만, 연습단계에서 우선되어야 할 것은 자기 분석이다. 자기를 충분히 분석하면 자기 말하기의 특징과 장단점을 알게 되고(지기지기:知己知己) 그것을 바탕으로 일신우일신(日新又日新)이라는 말처럼 하루하루 발전시켜 나갈 수 있다. 그리고 어떤 청중 앞에서도 자신 있고 당당하게 자기 이야기를 할 수 있을 것이다.

5

말하기를 훌쩍
늘려주는 연습방법

-베테랑은 훈련소가 아닌 전쟁터에서 만들어진다-

1) 어느 날의 토론 대회 풍경

9월 둘째 토요일 오후 4시, 우리가 참가한 전국 대학 에너지 관련 토론대회 예선 마지막 경기시간이다. '원전 센터를 유치하는 것은 그 지역에 이익이 된다'라는 논제로 찬성 반대 양측 토론자들의 입론, 교차조사와 반론들이 이어졌다. 상대팀의 토론자의 최후 반박 시간이 끝나고 나의 마지막 반론 시간이 왔다.

"~ (이전 반론 생략) 사람이 개에게 물려서 다쳤다는 이야기는 많이 들어 보셨을 겁니다. 그러나 사람이 호랑이에게 물려서 다쳤다는 이야기도 그만큼 들어 보셨습니까? 아마도 그렇지 않을 것입니다. 그렇다면 개가 호랑이보다 더욱 무서운 동물이라서 그런 것일까요. 그렇지 않습니다. 그것은 바로, 호랑이는 개보다 더욱 무서운 동물이지만 그만큼 관심을 가지고 철저하게 관리를 하기 때문입니다. 원전센터도 마찬가지입니다. 우리에게 지금 중요한 일은, 앞에서 말씀드린 것처럼 유치한 지역에 많은 이익을 주는 원전센터를 단순히 위험할지도 모른다는 이유로 포기하는 것이 아니라, 바로 더욱 관심을 기울여서 관리하는 일이라고 생각합니다. 그래서 저희 찬성측은 원전 센터를 유치하는 것이, 지역에 분명히 이익이 된다고 봅니다. 이상으로 찬성측 첫 번째 입론자의 마지막 반론을 마치도록 하겠습니다." 반론과 정리 발언을 마치고 자리에 앉자 아침 9시부터 오후 4시까지 예선전을 치르면서 쌓인 피로가 한꺼번에 밀려왔다. 그리고 말로써 겨루는 대회를 무사히 치러냈다는 뿌듯한 감동섞인(?) 만족감도 가슴속에 차 올라왔다.

몇 년 전에 노대통령이 어느 기자회견에서 "우리나라를 토론공화국으로 만들겠다"고 말을 한 적이 있다. 정말 토론공화국이 되었는지는 모르겠지만, 지난 몇 년 간 말이나 토론에 대한 사람들의 관심은 높아졌고 토론대회도 점점 그 규모가 커지고 있다. 2004년까지만 해도 '전국대학생 토론대회'에 50여 개 정도의 팀만이 참석했는데 2005년에 개최된 '전국 대학 규제 개혁 토론대회' '에너지관련 토론대회' '정치 자금법에 관한 토론대회' 등의 대회마다 100팀 이상이 참가하는 등 대회도 늘어나고 참가자들도 많아지고 있다. 최근 열리고 있는 이러한 토론대회들은 특별한 참가 자격 없이 간단하게 원서 접수를 하고 소정의 참가비만 내면 참 가할 수 있다. 운동선수들은 늘 연습하면서도 계절에 한두 번씩은 모여서 전지훈련을 떠난다. 평소에 하는 꾸준한 연습도 중요하지 만 이렇게 한 번씩은 집중적으로 연습해주는 것도 큰 효과가 있다. 말하기에 있어서 토론 대회 참가는 이런 전지훈련과 비슷하다. 프 로 선수들이 합숙훈련을 하듯, 토론대회를 준비하며 한두 주 정도 말하기 연습을 밀도 있게 해주는 것도 말하기를 업그레이드 할 수 있는 좋은 방법이다.

2) 토론 대회를 준비하며 얻어지는 것들

현재 우리나라에서 흔히 행해지는 토론대회는 CEDA (Cross Examination Debate Association)방식의 토론대회이다. 보통 대 회 한 달 전쯤에 대회에 대한 공지와 논제가 발표되는데, 주최는 정부 기관들이나 대학들이 하고 주관은 한국 스피치커뮤니케이션 학회나 한국 정치커뮤니케이션 학회 등의 커뮤니케이션 관련 학 회에서 이루어진다. 대회의 논제는 '정부는 교육시장을 개방해야 한다'나 '원전센터 유치는 그 지역에 이익이 된다' 등으로 주최하 는 기관에 관련된 것이 나온다. 논제가 발표되면 참가자들은 자료 조사에서 실전연습까지 포함하여 보통 2주일에서 한 달 정도 준 비를 하여 참가한다.

토론대회를 준비하는 과정에서부터 우리는 평소 잘하지 않았던 말하기 연습들을 하게 된다. 보통 첫 입론 6분은 원고에 의존하여 스피치를 하게 된다. 그래서 입론을 쓸 때 자신의 논지를 정확히 전달할 수 있는 정리된 말로 원고를 쓰는 데 많은 노력을 기울여야 한다. 대회를 위한 말하기 원고를 쓸 때, 자료를 찾고 논리를 세우고 논거를 배치하는 것도 중요하지만 또 하나 알아두어야 하는 것이 있다. 원고를 쓰면서 한 문장 한 문장 꼭 소리를 내어 읽어 보아야 한다는 것이다. 말을 하게 될 원고는 논설문과는 달라서, 문장의 길이와 호흡이 굉장히 중요하기 때문. 그냥 글투로 주르륵 한 문단을 다 써내려가고 나서 읽어보면 아무리 말처럼 읽으려고 해도 소위 '책 읽는 것 같이' 되어버린다. 한 문장 한 문장을 쓰면서 소리 내어 읽어보고, 이상한 부분은 고치고 다시 읽어보는 과정 속에 비로소 '말의 문장'을 쓰게 된다. 말의 문장은 글의 문장과는 다르다. 언뜻 봐서 그 차이를 알기 어렵고 선으로 쫙 그을 수 있는 명확한 경계가 있는 것은 아니다. 하지만 우리의 볼과 턱 사이에 선이 없어도 나누어 인식할 수 있듯이 말의 문장과 글의 문장은 읽어봄으로써 구분된다. 대회 준비를 하며 원고 다듬는 작업 속에서 자연스럽게 말을 위한 문장 구성 연습을 하게 된다.

또한 대회 원고를 준비하다 보면 평소에는 그다지 의식하지 않았던 자신의 말하기 속도와 양식에도 굉장히 신경을 기울이게 된다. 토론 대회는 일상적인 말하기가 아닌 대회이기 때문에 공평한 진행을 위해 시간에 제약을 둔다. 주제에 대해 원고를 쓰다보면 원고에 담아야 할 내용은 정해져 있기 때문에 시간이 약간 초과되거나 모자라기도 한다. 이런 경우 말 속도를 조절하거나 포즈를 취하면서 조정해야 한다. 사람마다 말의 속도와 스타일이 다르므로 자신에게 맞도록 조절해야겠지만, 일반적으로 말을 천천히 또박또박 하는 것이 좋다. 말을 빨리 하면 더 많은 내용을 말할 수 있을 것 같지만 사실은 그렇지 않다. 이것은 컴퓨터로 영화를 볼 때 속도 조정을 해보면 알 수 있다. 100분짜리 영화를 볼 때 시간을 아끼기 위해 1.1배속으로 틀어보라. 1.1배속으로 돌려서 아껴지는 시간은 고작 10분 남짓이지만 1.1배속만 되도 대사를 듣는데 불편함이 느껴지고 몰입하기 힘들다. 그처럼 말하기에서도 빨리 이야기해서 두 가지를 더 말하는 것보다 한 가지를 잘 들리게 말하는 것이, 청자에게 훨씬 설득력이 있다. 대회 시간에 맞추어 원고를 준비하고 연습하다 보면 이런 부분에까지 주의를 기울이게 되고, 자기의 말하기 속도에 관해 생각해 볼 수 있는 또 다른 기회가 되는 것이다.

마지막으로 대회 연습을 해보는 과정이 도움이 된다. 아무리 태연자약한 사람이라도 일단 대회에 출전하기로 마음을 먹으면 한 번이라도 더 연습하게 된다. 그것도 약간의 긴장을 머금은 상태로 말이다. 시험이 필요한 이유는 학생들을 평가하기 위해서이기도 하지만, 학생들에게 바로 긴장을 심어 공부하게 하기 위해서인 것과 같다.

3) 이제 경기장으로 나아가서 배워보자!

　몇 주간의 준비를 바탕으로 대회에 나가게 되면 대회를 치르는 당일에도 준비기간 이상으로 많은 경험을 쌓을 수 있다.

　대회는 아침부터 저녁까지 보통 4~5번 정도의 경기를 치르게 된다. 대회 첫 날에 벌어지는 예선전은 리그전 league-match이라 대회에 참가한 팀들은 승패에 상관없이 모두 4~5번의 경기를 한다. 한 경기를 할 때 걸리는 시 소요되는 시간이 1시간 조금 넘으므로 예선 전 날 하루 동안만 해도 5시간 정도에 말의 향연이 펼쳐지는 것이다.

　토론 대회에서 경기를 치를 때 말하기의 중요한 세 가지 연습을 하게 된다. 첫째는 바로 전달하기이다. 이것은 준비 과정부터 시작해온 것이지만 대회에서는 6분이라는 짧은 시간 동안 말하고자 하는 것을 논리적인 근거를 뒷받침해서 주장해야 한다. 단순히 주장하기만 하는 것이 아니라 심사자가 동의할 수 있도록 설득하는 작업이기도 하다. 입론은 보통 준비해온 원고를 읽는 것이지만 심사자들이 집중해서 들을 수 있게 전달하려면, 어조나 제스처를 통해 논지의 강조점들을 부각시키는 것도 매우 중요하다. 이런 연습은 대회 참가 전에도 했었지만 '모의'와 '실전'에서 얻어지는 경험의 차이는 분명히 다르다. 규칙상 심사위원분들이 입론이 끝나고 평을 하는 것은 아니지만 심사자들의 태도를 보면 자신이 어느 정도나 심사자에게 자기 입론을 전달했는지 느낄 수 있을 것이다.

둘째는 듣기 연습이다. 아마도 대회에서 상대편 입론시간은 태어나서 남의 말을 가장 열심히 듣는 시간일 것이다. 대회 참가자들은 상대편의 말을 심사위원보다 더 열심히 듣게 된다. 왜냐하면 상대의 입론이 끝나면 바로 우리의 교차조사 시간이 돌아오기 때문이다. 교차조사라는 것은 상대의 입론을 듣고 그에 대한 질문을 통해 공격하는 시간이다. 이 시간은 토론의 승패가 상당부분 좌우되는 중요한 시간이기도 하다. 교차조사는 그냥 자기 의견을 주장하는 것이 아니라 상대의 입론에 대해서 질문과 반박을 하는 시간이기 때문에 상대방의 입론을 잘 듣고 그 입론의 모순점이나 취약부분을 파악하는 것이 관건이다. 그렇기 때문에 상대의 논지 파악은 물론 한마디 한마디를 놓치지 않기 위해 필기하며 듣게 되고, 이때 고강도의 듣기 훈련이 자연스럽게 된다. 셋째는 요약 정리하기이다. 양 팀의 입론과 교차조사가 끝나게 되면 약 4분가량의 반박시간이 있다. 입론과 교차조사에서 나온 상대팀의 주장에 대해 반론을 펴고 우리 주장에 대한 정리와 마무리를 하는 시간이다. 반론 시간에는 상대의 입론과 전체적인 토론의 흐름에 맞추어서 적절한 비유 혹은 표현을 통해 말을 마무리해야 함으로 순발력과 정리능력이 요구된다. 이렇게 입론, 교차조사, 반박의 과정 속에서 말하기에 집중하다보면 대회가 진행되는 한 시간은 마치 100미터 달리기에서 전력질주 하듯 빨리 지나가 버린다.

4) 그리고, 대회에서 얻을 수 있는 몇 가지

토론 대회에 참가하면 준비하는 과정과 실제 경기 때 얻어지는 것들 말고도 좋은 점들이 있다. 대회에 심사위원으로 들어오시는 분들은 보통 스피치 관련 학회에 계신 분들이나 교수님들이시다. 이 분들 중에는 경기가 끝나고 한마디씩 해주시는 분들도 계시고, 어떤 대회는 심사위원들이 평가한 코멘트가 적힌 종이를 전체 참가자들에게 나누어 주기도 한다. 이때 받은 코멘트는 처음 본 사람이 나의 말하기만을 듣고 해준 평가이기 때문에 더욱 가치 있고 객관적이다. 대회에 참가해보고, 또 참가한 다른 팀들을 보며 느낀 것이지만 토론대회는 말하기를 향상시켜주는 데 앞에서 언급한 것 이상으로 아주 큰 효과가 있다. 모든 참가자들은 경기를 거듭하면서 더 잘 전달하는 방법을 스스로 터득한다. 예선을 거쳐 본선에 올라가면 같은 팀이라도 전날보다 무언가 모를 내공들이 쌓인 것을 느낄 수 있다. 토론 대회, 특히 CEDA대회 같은 준비가 필요한 대회에 참가하려면 분명히 심적으로 그리고 시간적으로 부담도 될 것이다. 처음에는 나도 우리 다담의 지도교수님인 유정아 선생님의 부드럽지만 강력하신 권유와, 동아리에서 한 팀은 나가

봐야 하지 않겠느냐는 압박에 약간은 등 떠밀려(?)나가기도 했었다. 그렇지만 그 대회 출전은 분명히 소중한 경험이었고, 그 후로는 바쁜 일들이 있어도 기회가 닿을 때마다 대회에 참가하고 있다. 대학을 졸업하고도 일반인들을 대상으로 한 토론대회에 나갈 수 있고, 요즘은 중고생들을 대상으로 하는 대회도 있다. 베테랑 전사는 훈련소에서 만들어지는 것이 아니라 전쟁터를 거치며 만들어진다. 다만 지금 우리가 베테랑이 아니라는 생각 때문에 전쟁터로 나가는 것이 망설여지긴 할 것이다. 그렇지만 말하기 대회에 나가서 죽거나 다치는 경우는 없다. 무언가 배워올 뿐이다. 내가 좋아하는 말 중에 '지금 할 수 없다면 나중에도 할 수 없다'라는 말이 있다. 이 말을 논리학에서 같은 뜻을 가진 말이 되게 하는 대우의 방식으로 뒤집으면 '나중에 할 수 있다면 지금도 할 수 있다'가 된다. 다른 모든 시도처럼 대회 참가라는 시도도 바로, 지금이 할 수 있는 때이다.

6

말하기를 연습할 수 있는
그룹 조직 및 참여방법

- 함께라면 두렵지 않다!!! -

1) 함께 할 수 있는 말하기 클럽에 참여하자

앞의 다섯 개의 장에서는 말하기를 향상시킬 수 있는 다양한 연습방법들을 제안하였다. 앞의 연습방법들은 의회식 토론이나 대회 참가처럼 함께 해야 할 수 있는 것들도 있고 혼자서 연습할 수 있는 것들도 있다. 하지만 말하기라는 것은 결국 상호 커뮤니케이션을 전제로 하는 것이기 때문에 혼자 할 수 있는 것들도 함께 연습하면 더욱 효과적이다. 그래서 이 장에서는 다른 사람들과 함께 할 수 있는 연습 방법들을 소개하려고 한다. 함께 말하기 연습 방법은 두 가지인데, 그것은 기존에 있는 말하기 모임에 참여하거나 아니면 스스로 말하기 연습 모임을 만드는 것이다.

2) 기존 모임에 들어가는 방법

대학생이라면 학교 내에 있는 스피치관련 동아리에 참가하는 것이 가장 빠를 것이다. 레저스포츠나 음악을 하는 동아리처럼 그 숫자가 많은 것은 아니지만 각 학교에는 함께 말하기를 연습하는 우리 '다담' 같은 동아리들이 있다. 경희대의 '이감' 성균관대의 토론클럽인 'S. K. F. C' 등이 그렇다. 보통 스피치 동아리들은 1주일에 한 번씩 만나서 고유한 프로그램을 진행하고 토론대회나 말하기 대회가 있으면 같이 팀을 짜고 연습을 해서 참가한다. 최근 토론 대회가 거듭될수록 많은 동아리 팀들이 참석하는 것으로 보아 각 대학에 스피치를 함께 연습하는 동아리들이 많이 생기는 것 같다. 회원 모집방식은 우리 다담처럼 학기마다 학교 전체를 대상으로 신입회원을 공개모집 하는 동아리도 있고, 특별한 대외적 홍보 없이 아는 사람들을 포섭(?)하여 모으는 동아리도 있지만, 어느 동아리나 학교 내의 동아리 연합회에 문의하거나 교내 정보가 모여 있는 사이트를 뒤져서 찾는다면 어렵지 않을 것이다. 또 동아리에 들어가게 되면 말하기 연습만 할 수 있는 것이 아니라 어디까지나 '동아리'인 만큼 학교 안에서의 친분 관계도 많이 쌓을 수 있다는 장점도 있다. 동아리에서는 언제나 열정을 가지고 함께 성실히 참여할 당신 같은 사람들을 원하고 있다. 만약 학교 내에 찾아봐도 없다면 다음카페나 싸이월드에 있는 모임에 가보는 것도 좋다. 이런 곳들은 10대부터 3~40대까지 말하기에 관심 있는 사람들이 모여 정기적인 모임을 가질 수 있도록 조직해주기도 하고, 일정한 비용을 내고 수강할 수 있는 기본 코스 등을 통해 가르쳐 주기도 한다.

3) 새로운 모임을 만들어보자

밴드를 결성하려면 악기가 필요하고 야구 동아리를 만들려면 배트나 글러브 같은 장비들이 필요하다. 그렇지만 말하기 동아리는 말하기에 관심 있는 사람들만 모을 수 있으면 된다. 모인 사람들끼리 프로그램을 만들고 매주 만나서 연습하여 서로가 자신들의 말하기를 향상시킬 수 있다면 그것은 훌륭한 말하기 동아리이다. 프로그램으로는 이 책에서 제시한 방법들, 부록에 실린 다담에서 하고 있는 프로그램들을 해도 좋고 직접 해보면서 부족한 부분들을 보충하여 더 나은 형태로 만든다면 더욱 멋진 프로그램이 만들어질 것이다. 우리 다담 또한 매달 한 번씩 운영진 회의를 통해 더 나은 프로그램을 만들기 위해 노력하고 있다. 교내 말하기 동아리의 한 예로 스피치 커뮤니케이션 동아리인 우리 '다담'의 창립과정을 공개한다.

● 서울대학교 스피치 커뮤니케이션 동아리 다담의 창립 과정

2004년도 2학기, 서울대학교에 교양수업으로 '말하기' 과목이 처음으로 개설되었다. 새로 생긴 말하기 수업은 한 학기 동안 학생들의 적극적인 참여 속에서 이루어졌고, 학기가 끝나가는 12월에는 함께 수업을 들었던 학생들 중 몇몇이 그해 처음 열린 제1회 국회식 토론대회에 참가했다. 토론 대회에서 우리는 흔히 기존 대학가에서 하던 난상토론과는 다른 더 세련된 형태의 커뮤니케이션과 스피치를 접해 보았고, 이런 스피치 커뮤니케이션을 함께 연습할 수 있는 동아리를 만들어보는 것이 어떻겠냐는, 제안이 누군가에게서 나왔다. 2005년이 시작되던 초겨울, 조현상(다담 초대 회장)과 양현모(다담 초대 총무, 2대 회장) 사이에서 동아리를 만들어 보자는 이야기가 조금씩 구체화되어갔다. 그 후 여러 차례의 구상과 회의를 거쳐 만들어지게 될 동아리의 형태와 진행할 프로그램이 만들어졌다. 우리는 서울대학교에서 말하기 수업을 담당하셨던 유정아 선생님께 동아리의 창립 취지를 말씀드리며 도움을 요청하였고, 선생님께서는 학교의 기초교육원이라는 기관을 통해 학생자치단체(정식 동아리)로 등록될 수 있도록 도움을 주셨다. 2005년 3월 18일 우리는 동아리 설명회를 개최했다. 정대철 이성호, 김잔디, 김선현 등 지인들이 설명회의 시연 및 준비를 도와주었고, 설명회에서는 그날 온 학생들을 대상으로 우리가 장차 동아리에서 하게 될 프로그램을 차례로 설명하고 시연을 통해 보여주었다. 설명회에는 2005년 1학기 말하기 수업을 듣던 수강생들이 주었고 그 외 말하기 동아리가 생긴다는 소문에 관심을 보였던 주변의 여러 학생들도 참가했다. 이날 설명회에 온 학생들 대부분 동아리에 참여하겠다는 의사를 보여주었고, 그날 함께 한 사람들과 만든 것이 서울대학교 스피치 커뮤니케이션 동아리 '다담'이다.

이후 한 학기 동안 동아리에 가입한 1기 회원들과 매주 목요일에 만나서 세션이라고 불리는 우리의 정규 프로그램을 진행했다. 두 번째 학기에는 회칙도 세우고 운영진 체제도 정비하여 회장, 총무 이외에 사관, 팀장 등의 운영진도 구성하고 2기 회원 공개 모집도 하며 동아리의 기반을 다져나갔다. 현재 다담은 기초교육원이라는 교내 기관에 소속되어 지원도 받고 있다. 그리고 이제는 회원들에게 스피치 커뮤니케이션 능력을 키울 수 있는 기회를 제공하는 멋진 교내 동아리가 되었다. 우리는 스피치 커뮤니케이션 동아리 활동을 하며, 한 학기 두 학기를 지내면서 점차 더 나은 스피커이자 커뮤니케이터가 되어가고 있는 서로를 발견하고 있다. 다담 회원들은 모두 나이나 학년도 다르고 공부하고 있는 전공도 제각각이다. 그렇지만 같은 동아리에 소속되어 매주 한두 시간이라도 꾸준히 스피치와 커뮤니케이션에 대해 생각하고 연습할 시간을 가진다는 것이 우리가 조금 더 나은 스피커, 커뮤니케이터가 되는데 큰 도움을 주고 있다. 마지막으로 한 마디만 덧붙이고 싶다. 처음부터 말을 잘 할 수 있는 사람은 존재한다. 하지만 끝까지 말을 잘 할 수 없는 사람은 존재하지 않는다.

사람들의 마음을 움직인 한 지도자의 말하기
- 브레이브 하트의 윌리암 월레스-

13세기 말엽 스코틀랜드는 영주들에 의해 갈갈이 분열되어 있었다. 이를 기회로 침공한 잉글랜드는 스코틀랜드의 도시들을 약탈하고 주민들을 노예로 삼았다. 잉글랜드는 점령한 지역에서 프리마 녹테 즉 결혼한 평민처녀의 첫날밤을 영주와 함께 지내게 하는 초야권을 행사하기까지 이르렀다. 이는 스코틀랜드 독립전쟁의 도화선이 되었다. 스코틀랜드 독립전쟁을 주도한 윌리암 월레스라는 인물을 바탕으로 만든 영화가 바로 브레이브 하트(braveheart)이다. 영화의 한 장면, 잉글랜드 정규군과 스코틀랜드 농민군은 스털링 지방에서 대치한다. 잉글랜드 정규군은 수적으로도 3배 이상 많았고 장비 또한 우수하였다. 반면 스코틀랜드 농민군은 전투 경험조차 없는 자들이 대부분이었다. 폭정에 분노하여 일어난 농민군이었지만, 막강해 보이는 잉글랜드 정규군을 보자 동요하기 시작했다. 농민군의 분위기는 전투를 하기보다는 달아나려는 쪽으로 기울어 있었다. 이때 농민들 앞에 윌리암 월레스가 나타났다. 월레스는 두려움에 떨고 있는 농민들 앞에서 연설을 시작한다. 스털링 전투에서 월레스의 연설은 2분도 안 되는 짧은 것이지만, 사람의 마음을 움직이는 요소들이 무엇인지 분명히 보여준다.

-스털링 전투 시작 전 -

농민1 : 귀족들이 영국군과 타협하면 우린 집으로 가는 거고 아니면 싸울 수밖에. 부질없는 짓이라고…집으로 가자.

귀족 : 여러분, 도망가지 마시오. 협상할 때까지 기다리시오.

-말을 탄 월레스가 몇 명의 부하들과 함께 등장한다-

월레스 : 스코틀랜드의 자손들이여, 난 윌리암 웰레스요!

농민 2 : 웰레스는 키가 7척이라든데?

월레스 : 그렇소. 나도 들었소. 혼자서 수백 명을 해치우고, 눈에선 불덩이를 뿜고, 엉덩이에서 번개가 친다더군.

-좌중 웃음-

월레스 내가 윌리엄 월레스요. 여러분은 폭정에 도전하고자 정의의 칼을 뽑았소. 여러분은 자유인이오. 자유인으로서 싸우러 온 거요. 자유가 없다면 어쩌겠소? 그래도 싸우지 않겠소?

농민1 : 저 훈련된 병사들을 상대로 싸울 순 없소. 우린 살고 싶소.

월레스 : 그렇소. 싸우다 죽을 수도 있지. 하지만 도망가면 당분간은 살 수 있겠지. 그렇지만 지금으로부터 세월이 흘러 언젠가 여러분이 침대에서 죽어가게 되었을 때, 당신들은 오늘 이 날을, 그때까지 노예로 살아간 모든 시간과 맞바

꾸고 싶을 거요.

월레스 : 이 단 한 번의 기회를, 오직 한 번뿐이었던 기회를 얻어 다시 적들에게 외치고 싶을 거요. 목숨을 빼앗을 순 있지만 자유는 빼앗지 못할 것이라고!

-농민군에 싸워보자는 함성이 일어난다-

　농민들 앞에 나타난 월레스는 '스코틀랜드의 자손들이여'라고 서두를 떼며 그들이 이곳에 함께 모인 이유를 암시한다. 그리고 불안에 떠는 농민들에게 자신의 말을 경청할 수 있도록 여유 있게 농담을 한다. 농민1이 말한 "저 훈련된 병사들과는 싸울 수 없소. 우린 살고 싶소"라는 말이 바로 도망치고 싶은 농민들의 현재 마음일 것이다. 싸우다 죽을지도 모른다는 공포가 그들의 생각을 지배하고 있었다. 거기에 대해 월리스는 대답한다. "그렇소. 싸우다 죽을 수도 있지. 하지만 도망가면 당분간은 살 수 있겠지." 월레스는 그들의 불안과 걱정을 부정한다거나 다른 이유를 내세워서 그들의 생각을 바꾸려고 하지 않았다. 반대로 그들이 처한 상황을 솔직하게 인정하였다. 그리고 계속 연설하기 시작했다. "그렇지만 지금으로부터 세월이 흘러 언젠가 여러분이 침대에서 죽어가게 되었을 때, 당신들은 오늘 이 날을, 그때까지 노예로 살아간 모든 시간과 맞바꾸고 싶을 거요." 바로 이것이다. 지금 전쟁터에서 죽을지도 모른다는 현실만을 생각하고 있는 농민들에게, 월레스는 싸우지 않고 도망갈 경우 그들의 미래를 상상하게 하였다. 농민들은 세월이 흘러서도 노예로 죽어가는 자신의 모습을 생각했을 것이다. 또 자신이 도망쳤기 때문에 자유민이 되지 못하고 자신의 침대 옆을 지킬 자식들을 떠올렸을 것이다. 이 순간 그들은 두려움 때문에 잠시 잊었던, 피하고 싶은 미래, 바꾸고 싶었던 현재를 재인식하였다. 월레스는 결국 농민들에게 다가올 미래에 대한 인식을 하게 함으로써, 두려움에 사로잡힌 현재의 마음을 움직인 것이다.

Part 3

말하기 |
상황 5가지 김보령, 양현모

1

수업에서
발표하기

어느 학교의 과방. 조 프로젝트를 모두 마친 학생들이 모여 '사다리타기'를 하고 있다. 자료수집자, 보고서 작성자 등 역할 분담은 대부분 마쳤지만, 막상 누가 발표할 것인지를 놓고 서로 미루다 결국 '사다리타기'라는 게임으로 결정하게 된 것이다. 결과에 따라 희비가 엇갈리는 학생들. 발표를 기피하는 이런 풍경은 학교 내에서 쉽게 볼 수 있다. 많은 사람 앞에 나가 발표를 한다는 것은 대부분의 경우 두려움이 앞서기 때문이다. 발표의 준비과정부터 발표를 마치는 순간까지, 어떻게 하는 게 좋을까?

▶발표문을 만들어보자

조 발표를 하게 되면, 조원들이 주제를 정해 자료조사를 하고 연구하여 내용을 구성한다. 발표 날에는 파워포인트를 이용하여 발표하고 전체 내용을 담은 보고서를 제출한다. 이것이 대학에서 가장 흔히 볼 수 있는 발표 수업의 형태이다. 그런데 이 과정에서 학생들이 가장 소홀히 하는 것이 발표문의 구성. 대부분은 발표 내용을 담은 전체보고서를 그대로 들고 나와 읽기도 하고, 혹은 자료집 전체를 들고 나와 발표 중간에 종이를 뒤적거리기도 한다. 또 아무것도 들지 않은 채 파워포인트만 보며 말하다가 제한된 발표 시간을 넘기거나, 횡설수설하는 경우도 있다. 발표 시 해야 할 말을 구성하는 과정을 한번이라도 거쳐보면 발표자는 훨씬 편안하게 발표할 수 있다. 또한 듣는 사람들의 입장에서도 내용을 명확하게 이해할 수 있다. 조 발표 보고서도 내용 구성을 하여 제출하듯, 발표할 때도 발표용 내용 구성이 필요하다.

1.전체 내용을 분류한 뒤 항목화 한다

보고서나 자료집의 내용을 모두 다 말할 수는 없다. 아래와 같은 내용의 발표를 해야 한다고 생각해보자.

〈예시〉

분자들은 끊임없이 다양한 속도로 움직인다. 분자가 액체 표면에서 이탈

해서 공기 속으로 들어가는 것을 증발이라고 하며 동시에 액체 표면으로 일부가 다시 들어가는 경우가 있는데 이것이 응결이다. 액체에 바람을 불게 했다면 공간 안의 수증기 분자들이 날아가기 때문에 더 많은 양의 증발이 일어난다. 이렇게 바람은 증발을 촉진시킨다. 또 온도가 증가하면 분자 운동속도가 증가하여 증발을 촉진시킨다. 온도가 내려가면 응결이 잘 되는데, 분자운동 속도가 감소하기 때문이다. 응결핵도 응결에 큰 영향을 준다.

이 내용을 그대로 읽을 수는 없을 것이다. 일단 전체 내용을 분류한 뒤 압축해 보자. 글의 개요를 짜듯이 분류하면 된다. 위의 글의 내용을 증발/응결 두 가지로 크게 나눌 수 있다.
증발- 증발의 개념 / 증발에 영향 주는 요인 -높은 온도 , 바람 /……
응결- 응결의 개념 / 응결에 영향 주는 요인 -낮은 온도, 응결핵 / ……
이런 식으로 내용을 하나씩 분류해간다.

2. 전체 순서를 결정한다

실제 글에서는 다음 예시의 ①번처럼, 증발과 응결을 매 항목마다 같이 묶어서 설명하고 있다. 하지만 상반되는 개념들을 계속 묶어서 발표하면 혼란을 줄 수도 있으니 발표 순서를 ②번처럼 재편집하여 변화를 줄 수도 있다. 증발 관련 내용끼리, 응결 관련 내용끼리 묶어 보았다.

〈예시〉

①개념(증발개념 / 응결개념) → 요인(증발요인-온도, 바람 / 응결요인-온도, 응결핵)

②증발 (증발개념 / 증발요인-온도, 바람) → 응결 (응결개념 / 응결요인-온도, 응결핵)

이런 식으로 말할 순서를 재구성해본다.

3. 나만의 말로 문장을 붙여본다

앞의 1, 2번이 숲을 만드는 과정이었다면, 이제는 나무를 하나씩 자세히 그려나갈 차례이다. 각 부분의 순서를 결정했다면, 그 부분에 해당하는 문장을 나의 말로 다시 만들어 살을 붙여본다. 직접 소리 내서 말로 해보며 문장을 만드는 게 좋다.

〈예시〉

응결에 영향을 주는 요인 응결에 영향을 주는 요인에 대해 알아보도록 하겠습니다.

일단 온도가 있습니다. 온도가 내려가면 분자운동속도가 감소해서 기체에서 액체로 돌아가기 쉽기 때문입니다. 응결핵의 존재도 영향을 줍니다. 응결핵은 공기에 포함된 먼지, 연기, 바닷물로부터 나온 염분 등을 말합니다.

4. 청중을 고려해서 문장을 바꿔본다

같은 내용의 발표라도 청중의 수준과 상황에 맞게 발표문의 문
장을 바꾸어야 할 필요가 있다. 새내기 학부생들이 많이 듣는 교
양 강좌를 재수강하는 고학번 학생이 이 발표를 한다면, 새내기들
의 정보 수준에 맞추어 설명해야 할 것이다.

〈예시〉

① 원래 붙였던 문장

응결에 영향을 주는 요인에 대해 알아보도록 하겠습니다. 일단 온도가 있
다. 온도가 올라가면 분자운동속도가 증가해서 기체에서 액체로 돌아가기
쉽기 때문입니다.

② 주로 새내기들 앞에서 발표한다면

응결에 영향을 주는 요인에 대해서 알아보도록 할까요? 일단 온도를 들
수 있겠습니다. 지난 번에 우리가 배웠던 2장에서, 온도란 분자들의 운동
속도를 측정한 것이라고 했었죠? 온도가 높아지면 분자 운동 속도가 빨라
지게 됩니다. 분자 속도가 빨라지면 수증기 분자는 액체 표면을 더 잘 빠
져나가게 될 거에요. 반대로 분자 속도가 느려지면 기체에서 액체 표면 쪽
으로 더 잘 들어갈 수 있겠죠.

교수님들 앞에서 논문을 발표하는 자리라면 용어에 대한 상세
한 설명은 굳이 자세하게 하지 않아도 된다. 일단 스크립트에 문
장을 충분히 붙인 뒤에 청중에게 맞지 않는 부분은 삭제하고 수정

하는 식으로 예시와 같이 정리를 한다. 청중에 대한 분석을 할 때
는 다음 사항을 고려해보자.

★어떤 위치의 사람들이며 나와 어떤 관계인지 - 학부생/대학원생, 교수님
/친구들, 발표내용에 반대하는/찬성하는 사람 등으로 생각해볼 수 있겠다.
예를 들어 교수님들이 평가하는 발표라면 발표의 작은 부분 하나하나 꼼
꼼히 살필 것이므로, 문장을 수정할 때 문장간의 인과관계나 단어 표현에
도 신경을 써야 할 것이다. 내 발표에 반대하는 사람들 앞에서 말을 해야
한다면, 나의 주장을 뒷받침할 수 있는 다양한 예시를 쓰고 좀 더 설득적
인 문장으로 바꿔야한다.

★내가 발표할 내용에 대한 사전지식은 어느 정도 갖고 있는지 - 새내기/대
학원생/그 분야의 전문가인 교수님/사전지식을 얼마나 가진 사람이냐에
따라 예시나 인용문을 바꿀 필요가 있다. 같은 개념을 설명하는 발표라도,
그 개념에 대한 예시를 다르게 넣어야 하기 때문이다. 새내기들 같은 경우
는 쉬우면서도 흥미위주의 예시로, 대학원생들이나 교수님들 앞에서라면
흔하지 않은 좀 더 참신한 예시를 찾아 집어넣어보자.

★이 프레젠테이션에 얼마나 관심을 가지고 있을지 - 수업 한 시간에 조 발
표가 연이어 이어질 때는 다음 발표를 준비하느라 당신의 발표를 주목하
지 않는 경우가 많다. 이럴 때엔 관심을 유도하는 재미있는 예시나 농담을
준비하거나, 시선을 사로잡는 도입부를 만들어 볼 수 있다.

★**결정적인 평가는 누가 하는지** – 프레젠테이션에는 목적이 있다. 단순한 정보 전달이 목적일 수도 있고, 어떻게든 교수님께 점수를 잘 받으려는 목적도 있을 것이다. 어떤 발표건 주도권을 잡은 사람 또는 채점자의 관심을 유도해야 목적을 달성하기 좋은 것이 현실이다. 결정적인 평가를 하는 사람의 관심에 맞추어 문장을 재구성 해보면 좋다. 요즘은 시사문제와 관련된 주제를 발표하는 경우가 많은데 이슈가 되는 상황에 대한 설명보다는 그 뒤에 밝히는 학생 자신의 견해에 더 중점을 두고 채점하는 분이라면, 이슈에 대한 설명 보다는 내 주장에 대한 문장을 보다 상세하고 짜임새 있게 쓰도록 신경 써야 한다. 시간 분배를 할 때에도 그쪽으로 더 비중을 둬야할 것이다.

5. 만든 문장들의 우선 순위를 정한다

만든 문장들을 반드시 해야 할 말과 꼭 하지 않아도 괜찮은 말로 분류해본다. 예를 들면, '응결'이란 키워드 속에 "응결에 영향을 주는 요인"이라는 부분이 있다. 이 부분에 살로 붙인 문장들을 꼭 해야 할 말과 안 해도 괜찮은 말로 나눠보면 다음과 같다.

〈예시〉 **꼭 해야 할 말**

응결에 영향을 주는 요인을 알아보았는데요, 일단 온도가 있습니다. 온도가 내려가면 분자운동 속도가 감소해서 기체에서 액체로 돌아가기 쉽기 때문입니다. 응결핵의 존재도 영향을 줍니다. 응결핵은 공기에 포함된 먼지, 연기, 바닷물로부터 나온 염분 등을 말합니다.

<〈예시〉   안 해도 괜찮은 말

(① 응결핵이라는 요인도 결국 온도가 뒷받침되어야 제 역할을 하는 것이기에, 제가 보기엔 결국 온도가 가장 중요한 요인이라고 생각되네요.)

(② 온도가 낮으면 수증기가 응결핵에 엉겨 붙게 되지만 온도가 높으면 수증기가 응결핵을 만나도 그냥 충돌하고 튀어나가 버립니다. 결국 응결핵 때문에 응결하는 것도 온도라는 조건이 받쳐줘야 가능한 것입니다. 응결핵이라는 요인도 결국 온도가 뒷받침되어야 제 역할을 하는 것이기에, 제가 보기엔 결국 온도가 가장 중요한 요인이라고 생각되네요.)

맨 위 문단은 개념 정리에 해당하는 부분으로서 반드시 해야 할 말로 분류됐고, 그 아래 추가 설명들은 번호를 붙여 괄호 처리를 하였다. 시간이 모자랄 경우를 대비하여, 반드시 해야 할 말은 가장 최소한의 내용으로만 남겨두자. 앞의 1번과 2번은 시간 여유가 있다면 해도 좋다는 표시로써 제가 자주 사용하는 방법이다. 조금의 여유가 있다면 1번을, 더 길게 해도 좋은 상황이라면 2번까지 발표한다. 이런 추가 사항을 따로 묶어놓음으로써 상황에 따라 달라지는 발표 시간에 유연하게 대처할 수 있다.

6. 스크립트에 양념을 집어넣는다

스크립트에 재치 있는 표현을 집어넣어보자. 인용구나 흥미로운 예시들을 집어넣으면 흥미 유발에 도움이 된다. 유머를 집어넣는 것도 좋지만 유머를 발휘할 시점과 내용을 잘 고려해야 한다.

자칫 잘못하면 썰렁해질 수 있으므로 순발력있는 사람이 아니라면, 농담도 미리 생각해놓는 것이 좋다.

7. 직접 읽어보며 수정한다

어느 정도 완성된 발표문을 직접 읽어본다. 눈으로 글을 보는 것과 입으로 말을 하는 것은 분명히 다르기 때문에 소리 내어 직접 읽어보면 글로 쓸 때 느끼지 못했던 문장의 호흡, 내용의 흐름을 깨닫게 되는 경우가 많다. 매끄럽게 보이는 글도 말로 하면 듣기 힘들게 들리기도 하고, 반대로 문장의 호응이 안 맞거나 비문인 문장도 말로 해보면 오히려 쉽게 들리는 경우가 있다. 발표용 자료를 다 완성했다면 소리 내어 읽으며 수정해보자.

▶ 파워포인트(PPT) 사용시 주의 사항

파워포인트를 잘 만들면 말로는 충분히 전달되지 않은 부분도 쉽게 전달할 수 있다. 또 청중들의 관심을 사로잡고 주의를 집중하는 효과도 기대할 수 있으며, 키워드를 더 잘 기억하도록 돕는다. 학생들은 발표 자료를 준비할 때 파워 포인트를 지나치게 화려하게 만들거나 너무 밋밋하게 만드는 경향이 있다. 청중의 시선을 사로잡으면서도 발표에 방해가 되지 않도록 만드는 팁에 대해 몇 가지 소개하겠다.

1. 구성과 배치

★한 슬라이드에는 한 가지 내용만 – 슬라이드의 개수가 많다고 해서 나쁠 것은 없지만, 오히려 한 슬라이드에 너무 여러 가지 항목들이 나오면 청중들의 눈이 그것을 읽느라 바빠져서 좋지 않다. 너무 많은 텍스트를 넣으면 청중들은 오로지 슬라이드에만 집중할 것이다. 발표의 리더는 발표자이지 파워포인트 화면이 아니기 때문에, 강조하는 한 가지만 넣어주고 다시 발표자에게로 관심을 돌리게 해보자.

★균형 있게 배치하자 – 사진과 텍스트, 그래프 등이 한쪽으로 몰려있거나 통일감 없게 배열되면 보는 사람이 혼란스러움을 느낀다. 비슷한 비중의 이미지라면 크기도 가급적 비슷하게 조정해야 한다. 글자의 크기도 마찬가지. 가끔 한 슬라이드에 특정 부분을 다 넣기 위해서 소제목의 크기를 이전 페이지의 소제목보다 작게 쓰는 경우가 있는데, 페이지는 그냥 넘기더라도 제목의 크기는 종류별로 일관되게 하는 것이 좋다.

★시선의 흐름에 맞게 – 보통 청중들은 텍스트와 이미지가 들어간 화면을 보면 책을 읽는 방향으로 눈을 움직이게 된다. 왼쪽 상단에서 오른쪽 하단으로 움직이는데, 이런 시선의 흐름을 이용한 배치는 효과적일 것이다. 특히 '○○의 형성과정', '△△의 진행과정' 같은 내용일 때는 시선의 흐름을 이용하여 텍스트와 이미지를 배

치하면 좋다.

★**포인트가 되는 것을 중심으로** - 모든 텍스트나 이미지를 같은 비중으로 배열할 수는 없다. 이 슬라이드에서 포인트가 되는 것이 무엇인지 먼저 생각하자. 그리고 그것을 중심에 놓고 나머지를 배열하는 식으로 배치해보자.

2. 색상 선택하기

★**과유불급** - 너무 많은 색상은 유치해보인다. 새내기들이 처음으로 파워포인트를 만들어 발표하는 것을 보면 현란한 색상이 가장 먼저 눈에 띄는 경향이 있다. 뭐든지 지나치면 모자란 것보다 못한 법. 너무 많은 색상은 시선을 분산시키고 주제를 찾지 못하게 만든다. 또 유치해보일 수도 있다. 우리는 초등학교부터 고등학교까지 많은 포스터들을 그려왔다. 선생님께서 강조하시던 포스터의 법칙은 언제나 같았다. '자유롭게 그리되 4가지 색을 넘으면 안 됩니다.' 포스터나 파워포인트나 무엇을 강조하고자 한다는 점에서는 같다고 할 수 있다. 파워포인트 역시, 전체 슬라이드에서 쓰는 색상이 3~4가지를 넘지 않는 것이 좋다. 글자의 색상은 (제목을 제외한 본문) 웬만하면 한 가지로 고정하자.

★**청중의 수준과 기호에 맞는 색상이나 배경 선택** - 청중의 기호에 맞는 것을 선택하는 것도 중요하다. 예를 들어 유치원 어린이들 앞에서라

면 예쁘고 깜찍한 색상과 이미지를 넣어야 할 것이고, 해병대 출신의 사람들이 많은 곳이라면 당연히 붉은 색을 넣으면 효과적일 것이다. 발표를 하는 대학생의 경우 대부분 학생들이나 교수님들 앞에서 발표를 하지만 가끔 특정의 집단 앞에서 발표를 할 때가 있다. 예를 들어 해양학 전공수업의 발표라면 표지에 바다그림이 들어가고 본문에 들어갈 색 4가지 중에서 푸른 계열을 넣어준다면 더 호응을 얻을 수 있을 것이다. 또 교수님들이 많은 곳이라면 배경과 색상도 차분하고 분명한 것을 사용해야 한다.

★**원색보다는 눈에 편안한 은은한 색으로** - 원색은 눈을 자극하기 때문에 은은한 색이 좋다. 전체적으로 쓰일 메인 색상을 정했다면 그 색상에 약간의 변화를 준 색들로 구성해보자. 다만 강조하고자 하는 부분에 원색을 한번 정도 써주는 것도 좋은 방법이다.

★**색의 느낌을 이용하자** - 사람들이 색을 대할 때 보편적인 느낌이 있다. 빨강은 정열, 자극, 위험, 경고 등의 느낌을, 흰색은 순수, 소박, 깨끗함, 가볍고 안정적인 느낌이다. 노랑은 친절, 명랑, 주의 등의 느낌이 있고, 초록은 평화, 안정, 환경의 이미지를 갖는다고 한다. 주로 푸른 계열의 색상이 이성적이고 합리적인 느낌을 주기 때문에 파워포인트에서 많이 쓰인다.

3. 사진이나 그림 등의 이미지 활용

★이미지의 종류를 통일하자 - 이탈리안 레스토랑의 메뉴판에 초밥과 감자탕과 카레가 껴 있다고 생각해보자. 얼마나 부자연스러울까? 파워포인트의 이미지들도 마찬가지이다. 앞장엔 사진, 뒷장엔 그림, 또 다른 곳에는 만화 그림이 포진해있다면 보기에도 좀 혼란스러울 것이다. 사진이면 사진으로, 그림이면 그림으로, 일관된 종류의 이미지를 사용한다.

★그래프는 데이터의 성격에 맞는 것으로 고른다 - 그래프는 효과적으로 데이터를 제시하는 수단인데, 그래프의 종류도 데이터의 성격에 맞게 골라야 한다. 설문조사 결과처럼 전체의 몇 퍼센트인지 나타나는 데이터는 원그래프가 좋고, 시간의 흐름에 따른 변화의 추이를 보는 데이터는 꺾은 선 그래프가 좋다. 또 항목간의 상관관계나 분포상태를 보는 데이터는 분산형 그래프가 적절하다.

★지나치게 튀는 이미지는 좋지 않다 - 앞에서도 언급했듯이, 지나치게 튀는 것은 청중의 관심을 슬라이드에만 집중시켜서 역효과가 날 수 있다. 이미지도 너무 튀지 않는 것으로 선택하자.

2

회의에서의
말하기

-사공이 많은 배는 왜 산으로 가는가-

   교수님께서 마음을 결정하셨다. 기말고사를 언제 어떻게 볼지 이번 주까지 결정하여 알려주겠다고 하셨는데, 드디어 오늘 말씀 해주신다고 한다. '시험이 너무 어렵지 않았으면 좋겠다. 아, 차라 리 보고서로 대체 된다면 얼마나 좋을까?' 하연이는 궁금해 하며 교수님께서 나눠주시는 유인물을 받아보았다. 그런데 이게 웬 일. '기말고사는 조별연구 발표수업으로 대체함. 성적에 40% 반영. 조편성은 출석부대로 함'이라는 문장과 함께 안내 사항이 적혀있 다. 한숨부터 나온다. 이번 학기도 조별 연구 발표가 벌써 몇 개째 인지…매번 모여서 조원끼리 회의 하는 것이 하연이에겐 보통 스 트레스가 아니다.

대학 수업은 요즘 토론 수업 또는 조별 연구 발표로 많이 진행된다. 대학생들에겐 회의나 토의는 피해갈 수 없는 상황이다. 회의를 하다보면 정말 다양한 사람들이 다양한 상황을 만들어내는데 자기주장만을 펼치는 사람, 회의의 맥락과 전혀 다른 딴소리를 하는 사람, 결국 같은 얘기를 말만 바꿔 반복하는 사람, 결론이 나지 않았는데도 끝내려는 사람 등등. 천차만별이다. 조별 연구과제 회의를 하다보면 몇 시간 동안 많은 말들을 했는데도 정해진 것 하나 없이 시간만 흘려보내는 경우가 종종 있다. 결국 다음 회의 스케줄을 또 정하는 상황에 이르기도 하는데 이런 상황은 처음 보는 사람들과 조가 짜여지거나 리더가 불분명한 조 발표 모임의 경우 특히 많이 발생하곤 한다. 어쩌면 회의 자체보다는 이런 상황들이 하연이가 감당할 수 없는 부분인지도 모르겠다. 여기서 '회의를 잘하는 법'에 대해서 말하기는 어려울 것 같고, 다만 많은 조 발표 모임을 가지며 느꼈던 '회의에서의 말하기'에 대해 얘기해보고 싶다.

▶ 회의에서의 말하기

1. 회의의 목적과 안건을 명확히 정한다

"자, 우리 무슨 주제를 하는 게 좋을까?" "발표는 누가 하죠?" "그런데 자료를 모으려면 분담을 해야 할 텐데…" 무턱대고 조 발표 과정에 필요한 모든 것을 한꺼번에 쏟아놓지 말자. 회의의 분명한 목적과 안건이 정해진 다음에 회의가 진행되어야 쓸데없는 얘기들이 '사전예방' 될 것이다. 당신이 모임의 리더라면, 회의 전에 "오늘은 먼저 주제를 정할 겁니다. 그 다음 자료조사를 어떤 방식으로 할지 정하고 역할 분담까지 결정하는 게 오늘 회의에서 할 일입니다"라는 식으로, 해야 할 것을 명확히 하고 시작하자. 그래서 리더의 역할은 참 중요한 것이다.

2. 한꺼번에 여러 개의 주제를 말하지 않는다.

발언 할 때는 되도록 한 번에 한 가지의 주제를 말하는 것이 좋다. 우리가 글을 쓸 때도 한 문장 안에 너무 많은 내용을 넣으면, 독자는 그 문장을 이해하기 어렵다. 말도 마찬가지. 글은 여러 번 읽고 또 읽을 수 있으니 계속 들여다보면 언젠가는 이해할 수도 있겠지만, 말은 녹음을 하지 않는 이상 한순간에 날아가버린다. 사람의 듣는 능력에는 한계가 있다는 것을 기억하자.

3. 초점에서 멀어지지 않는다

듣기의 중요성에 대해서 뒤에 다루겠지만, 조원들이 듣기를 잘 못하거나 상황을 잘 파악하지 못하는 경우, 현재 회의 진행 내용의 초점과 맞지 않는 발언이 나올 때가 많다. 하지만 잘 듣고 내용도 다 파악한 것 같은데 장황한 말하기로 초점에서 벗어나는 말을 하는 사람들이 있는데, 직접적인 말보다는 간접적인 말을 잘 쓰는 사람이 그런 경향이 많다. 또 일의 결과보다는 배경이나 과정을 중요하게 생각하는 성향인 사람들은, 결론부터 확실히 말하기 보다는 배경이나 과정을 설명하다가 회의의 초점을 놓치는 실수를 범한다. 회의를 할 때는 결론부터 명백히 밝혀 말하는 것이 혼란을 줄이는데 도움이 된다.

리더 : 지난번에 싸이월드 클럽에 올려놓기로 한 자료 파일은 다들 올려 놓으셨나요?
보령 : 아, 그게, 얼마 전에 제가 컴퓨터를 포맷해서요. 프로그램도 다 깔고 그러느라 정신이 없었네요. 그 파일을 언니 메일박스에 보내놓긴 했는데 싸이월드에 올리는 것은 깜박해서….

이런 경우 '아직 못 올렸습니다' 라고 하면 상대방의 질문에 간단한 답이 될 텐데 왜 못했는지의 이유를 장황하게 설명하는 우를 범하고 있다. 본인에겐 파일을 못 올린 그 배경이 중요할 수도 있겠지만 효율적인 회의에는 도움이 되지 않는 말하기 방식이기 때문이다.

4. 듣는 사람에게 맞춰서 말한다

프레젠테이션을 할 때에도, 일상적인 대화를 할 때에도 '청자를 고려한 말하기'는 중요하다. 나 혼자 말하고 나 혼자 이해하는 말하기는 아무런 의미가 없다. '상대방이 이 정도의 논리전개는 알겠지'하고 넘어가지 말자. 간결히 말하되 자기 생각의 전개과정을 너무 생략해버리지 않도록 주의해야 한다. "그런데 아까 그렇게 말한 건 왜 그런 거에요?"라는 질문과 그에 대한 설명이 계속 반복되면 시간 낭비 아닐까요? 차라리 처음부터 잘 말하는 게 나을 것이다.

5. '절충론'과 '이도저도 아닌 것'은 분명히 다르다

여러 의견의 장점을 취합한 절충론에 대한 발언과, 이도저도 아닌 모호한 발언은 분명히 다르다. 위의 두 가지는 분명한 주제가 있다/없다의 차이이다. 모호한 발언은 얼핏 들으면 여러 가지를 다 종합한 말하기 같지만, 결국 여러 가지를 섞어 말했을 뿐 그 중 어느 부분을 어떻게 취했으며, 결국 어떤 입장이라는 건지 명확하지 않다. 이런 말하기는 회의의 진행을 더디게 하면서 맥락에서 벗어날 수 있다. 이런 말을 하는 조원을 만나면 요지에 대해 다시 명확히 해달라고 요청해야한다.

6. 경어를 쓰자

회의를 하다보면 의견 대립 등 여러 가지 예측 못했던 상황들이 많이 생긴다. 의견 대립 상황에서 흥분하다보면 회의에 아무 도움이 되지 않는 소모적인 논쟁만이 오가거나, 서로에게 상처를 안겨주기도 한다. 이런 소모적 논쟁과 실수들을 제거하고 방지하는 차원에서, 회의 때만큼은 경어를 사용하는 게 좋다. 경어를 사용하며 호칭을 높여 부르는 것도 흥분하는 것을 줄이는 방법 중 하나이다. 학교생활을 하다보면 처음 보는 모르는 사람끼리 하는 회의뿐 아니라, 같은 과 동기들끼리 모임을 갖는 경우가 많다. 이럴 때 경어를 쓰는 회의를 하면 '공식적인 자리'라는 느낌을 주기 때문에 조원들이 모두 약간의 긴장감을 갖고 회의에 임하며, 사적인 말이 오가는 것을 줄일 수 있다.

▶ 회의에서의 듣기

1. 맥락에 맞지 않게 말하면 분명히 지적 한다. 늘어지는 회의의 원인이다.

발언자의 이야기가 맥락에 맞지 않을 때 분명히 지적하자. 말하는 사람도 잘 모르는 경우가 대부분이다. 하지만 지적하는 과정에서 상대의 자존심을 상하게 하거나 창피하게 해서는 안된다. 이럴 때는 "그건 지금 회의 맥락에 안맞는 얘기고요"라고 말하기 보다는 자연스럽게 "아, 네. 그렇군요. 그런데 지금은 그 얘기 보다는 이것에 대한 얘기를 하고 있었으니까 우선 이 얘기를 계속 진행하는 게 좋을 것 같아요." 정도로 말해보는 건 어떨까?

2. 이해하지 못했다면 그냥 넘어가지 말자

회의 진행과정이나 타인의 발언을 다 이해하지 못했다면 그냥 넘어가지 말고 기억해두었다가 적절한 타이밍에 꼭 질문을 하는 것이 좋다. 말하는 사람도 듣는 이가 자기 발언을 이해했는지 못했는지 잘 모르는 경우가 많다. 그럴 때는 분명히 못 알아들었다는 피드백을 해주어야 한다. 이것은 발언이 잘못 이해되는 것을 막아 발언한 사람에게도 도움이 되고, 듣는 사람 입장에서도 나중에 자기가 발언을 할 때 엉뚱한 소리를 하지 않게 된다는 장점이 있다.

3. 추임새는 판소리에만 필요한 것이 아니다

추임새란 판소리에서 북을 잡은 고수가 "얼씨구", "좋다" 등의 말을 박자 중간에 넣어주는 것을 말하는데, 추임새는 장단을 맞춰주는 역할도 하면서 소리꾼의 흥을 돋우는 역할도 한다. 회의에서도 추임새는 필요한 부분이다. 회의가 즐거운 신변잡기의 대화가 아닌 이상, 길어지면 지치기 마련이다. 이럴 때 듣는 사람이 발언자의 말을 경청해주고 리액션을 보여주면 말하는 사람 입장에서도 힘이 날 것이다. 자신이 열심히 말하고 있는데 듣는 사람이 아무런 반응이 없으면 '내가 말한 것이 이해가 안 되나?' 하는 마음이 들 것이다. 결국 같은 얘기를 바꿔가며 계속 하게 된다. 이런 것을 방지하는 차원에서도 듣는 사람의 리액션은 필요합니다. 발언자와 눈을 맞추면서 고개를 눈에 띄게 끄덕이거나 "음", "그렇네요" 정도의 추임새를 넣어보자.

생명의료윤리 수업에서 하연이네 조가 발표를 맡게 되었다. 발표 주제는 생명윤리와 관련된 자유주제이며, 형식도 자유다. 어떤 것부터 시작할지 감이 안 잡히는 상태에서 하연이는 조 모임에 임했다.

조원 1 : 우리 주제를 뭘로 하면 좋을까요?

하연 : 글쎄요…

조원 2 : 이번에는 교수님이 토론을 중시하는 것 같으니까, 토론에 비중을 많이 둬서 구성을 해야 좋을 거에요.

조원 1 : 의료윤리에 대한 것이니까 자료도 많이 모아야 할텐데…

하연 : 우리 아직은 시간이 좀 있고 앞으로 자주 모여서 회의한다고 생각하고, 오늘은 주제를 뭘로 할지, 어떤 형식으로 할지만 먼저 정하는 게 좋지 않을까요? (오늘 회의에서 먼저 할 일을 제시함으로써 회의의 방향을 잡아준다.)

조원 3 : 요즘 동물에 대한 관심이 높아지면서 동물에 대한 윤리에도 주목하고 있잖아요. 그건 어때요?

조원 1 : 맞아요. 하긴, 꼭 사람의 생명과 관련된 것만 해야 한다는 법은 없으니까요.

조원 2 : 그런데, 우리가 토론을 하려면 아무래도 찬반론이 팽팽하게 대립되는 게 교수님이 보기에도 좋을 거에요. 그러니까 찬반론이 거의 대등하게 대립되는 주제로 잡는 게 좋을 것 같아요. 그리고 일단 주제가 정해지면 우리 중에서 찬반을 나눠 토론 연습도 따로 하면서 미리 준비를 한 뒤에 토론에 들어가야 해요. (한번에 여러 가지 내용을 담아서 길게 말하는 건 피하는 것이 좋다.)

하연 : 아, 그래요. 좋은 생각이네요. 그런데, 토론이나 팀을 나누는 건 주제가 정해진 뒤에 하는 것이 좋을 것 같아요. 지금은 주제 정하는 걸 먼저 하면 어떨까요? (상대가 기분 상하지 않도록 먼저 앞부분에서 추임새를 넣어 주며 현재 회의 맥락에 맞지 않는 부분을 지적한다.)

조원 3 : 제가 아까 동물 윤리 얘기를 했는데, 혹시 다른 의견을 가진 분 계신가요? 저도 더 재밌는 다른 주제들이 있다면 듣고 싶어요.

조원 1 : 안락사에 대한 걸 다뤄보는 건 어떨까요?

조원 3 : 오, 그것도 괜찮겠네요. 다른 분들은 어떻게 생각하세요?

조원 2 : 글쎄요, 안락사가 가치문제가 첨예하게 대립되는 주제여서 좋긴 한데 요즘은 생명윤리의 다른 분야들이 더 이슈가 되는 것 같아서 그런 쪽으로 했으면 하는 마음도 있고요. 안락사도 뭐 나쁘지는 않은 것 같긴 한데 잘 모르겠어요. (이도저도 아닌 모호한 말하기는 삼가는 것이 좋다.)

하연 : 저기, 요즘 생명윤리의 다른 분야들이 이슈가 되고 있다는 건 무슨 말씀이신지…. 요즘 특히 이슈가 되는 문제들이 어떤 게 있죠? 제가 잘 몰라서…. (회의 중 모르는 부분에 대해서 짚고

넘어가야 한다.)

조원 2 :유기동물에 대한 이야기는 어떨까요? 애완동물 부담금 책정이 필요하다 필요하지 않다는 여론도 팽팽히 맞서고 있는 것 같고, 또 버려진 동물들의 비참한 생활상이 이슈화되고 있기도 하고요. 다른 한편으로는 유기동물로 인한 질병전파의 우려도 적지 않은 것 같아서요. 뭐, 이런 유기동물에 관련된 이야기를 다루어 보는 것도 좋을 것 같아요.

조원 3 : (고개를 *끄덕이며*) 아, 좋아요.

　몇 가지 사항만 주의해서 회의에 임하면, 시간이 낭비되는 것을 줄일 수 있고 원활한 회의를 할 수 있을 것이다.

3

면접에서의
말하기

- 자네 잘하는 게 뭔가? -

▶ 대학면접에서 말하기

몇몇 대학에서 심층구술면접을 실시하더니 어느새 면접의 비중이 높아졌다. 이 책이 대학 면접에 관한 지식적인 부분을 도와줄수는 없다. 지식과 생각을 차곡차곡 키우는 것은 여러분의 몫이니까. 다만 경험을 통해 느꼈던 '면접에서의 말하기'에 대해 말해보겠다.

1. 아는 것만, 정확하게

교수님께서 기본적인 교과과정과 관련된 지식을 물어보실 때 잘 모른다면 그건 좀 곤란할 것이다. 하지만, 교수님들이 질문하는 것 중에는 고교생이 대하기엔 꽤 어려운 지식 수준의 질문들도 많다. 모르는 것을 아는 것처럼 말한다는 것은 불가능하다. 상대방은 교수님이다. 바로 그 분야의 전문가인 것이다. 그렇기 때문에 아는 척하는 답변은 금방 들통이 나고 만다. 많이 아는 것처럼 보이는 것보다는 알고 있는 것 한 가지라도 정확하게 말하는 것이 훨씬 유리하다. 자신이 아는 부분까지는 정확하게 말하자. "제가 그 부분에 대해서는 모르지만 적어도 이 부분까지는 알고 있습니다" 라고 말할 수 있어야 한다.

2. 모르는 것은 모른다고 솔직히 말 한다

제 첫 면접의 순간을 기억해보니. 제가 잘 모르는 개념에 대해 교수님께서 물어보셨는데, 전혀 모르는 것을 아는 것처럼 말하려 애쓰다가 결국 얼마 못가서 밑천이 드러나 버리고 말았다. 대학에 들어와서 보니, 교수님들은 학생이 무언가를 모르고 있는 것보다 잘못 알고 있는 것을 더욱 안 좋은 것으로 생각한다는 것이다. 많이 아는 것처럼 보이려 하다보면 잘못된 개념들을 늘어놓게 되는 경우가 많다. 모르는 것은 모른다고 솔직히 시인하는 것이 좋다.

3. 면접은 교수님과의 대화시간

대학에 들어와서 입시철이 되면 교수님들로부터 이런 말을 자주 듣게 된다.

"시험 치러 오는 애들 보면 뭔가 알고 있기는 한데 설명을 제대로 못해. 그게 안타까워서 한 마디라도 더 끌어내려고 애쓰는데 얘네들이 도통 입을 안 열어."

이렇게 학생이 대답을 명확히 하지 못할 때 바로 다음 질문으로 넘어가거나 나가라고 하시는 가혹한 교수님들도 간혹 계시다. 그러나 대개의 경우 교수님들은 '이 학생이 뭔가 알고는 있구나' 하는 느낌을 받으면 추가 질문을 던져서 정말 알고 있는지 확인하고 대답을 이끌어내려 하신다. 그래서 면접을 단순히 질문과 답변으로만 이뤄진 시험이라기보다는, 교수님과의 대화 및 토론의 시간이라고 생각하는 자세가 필요하다. 최대한 입을 열어 그 질문에 응하고 따라 가보자.

4. 한 템포 천천히

답변할 때는 한 템포 천천히, 잠시 생각하고 답변하자. 알 듯 말 듯한 질문을 받았을 때 바로 대답하는 건 피하는 게 좋다. 좀 더 생각해보면 방법이 떠오를 수도 있으니 교수님께 잠깐 생각할 시간을 달라고 요청을 드려보자. 사람들은 대개 긴장하면 떠오르는 대로 바로 말하지만, 몇 초의 시간을 갖고 생각하면 곧바로 말하는 것보다 더 정리해서 말할 수 있고 아는 것과 모르는 것에 대해서 내가 어떻게 말할지 판단이 서기도 한다. 단 몇 초의 멈춤이라도 면접 상황에서는 꽤 유용하게 쓰인다.

다음은 모 대학 자연과학부에 지원했던 수험생의 당시 면접 상황이다. 면접을 처음 보는 것이라 매우 긴장한 상태의 수험생. 심호흡을 하고 면접실 문을 열고 들어갔다.

교수님 1 : (학생이 들어오자마자 대뜸) 평형이 뭘까?

학생 : 네? 그건….어떤 화학반응이 일어날 때 그 역반응이 같이 일어나는데…그게 같아서…음, 같은 상태인…

교수님 1 : 어떤 화학 반응과 그 역반응이 같은 상태라고?

학생 : (어디선가 들었던 단어가 떠올랐다) 음, 평형에는 정적 평형과 동적 평형이 있는데,

교수님들 : ! (모두 갑자기 고개를 들며 관심 있게 바라보신다)

학생 : (그러나 더이상 모른다) 그게, 정적 평형은 움직이지 않는… 동적 평형은… 음

교수님 2 : 모르는 것 같은데?

학생 : …

과학에서 평형이라는 개념은 여러 가지로 설명될 수 있는데 이 학생은 화학적 평형 한가지밖에 떠올리지 못했다. 그나마 이것도 개념만 대충 알고 있었고 그것조차도 명확하게 말로 표현하지 못한 것이다.

대화를 좀 더 살펴보면, 학생이 개념을 제대로 표현하지 못하자 교수님께서 다시 명확하게 설명하도록 되물으셨다. 처음에 대답한 것을 아는 대로 정리해서 다시 말하면 차라리 나았을 텐데, 상황을 만회하기 위해 뭔가 더 말하려다가 잘 모르는 새로운 얘기를 꺼내 오히려 아는 것이 없다는 인상만 강하게 심어버리고 말았다.

교수님 3 : 그렇다면, 얼음이 녹는 것은 어떻게 설명할 수 있을까요?
학생 : 얼음이 녹는 것은 얼음이 물로 되는 반응이 있고, 다시 역반응이 있으니까…. 물이 얼음으로…
교수님 2 : 뭐라고?
학생 : 잘 모르겠습니다..
교수님 3 : 그래, 됐어요. 더 할 얘기 없으면 나가도 좋아요.

학생이 문을 닫으며 나가려는데, 교수님들의 대화 소리가 작게 들렸다.

교수님 1 : 27번 김보령이는, 뭔가 알긴 아는데 설명을 잘 못하네.
교수님 3 : 모르는 걸 어떻게 해보려고 애쓰던데. 허허…

≫ scene 2
다음은 모 대학 과학교육과에 응시한 학생의 면접 상황이다. 자연계열의 전공 면접은 대부분 문제지를 주고 풀게 한 뒤에 교수님

앞에서 풀이를 설명하는 식으로 진행된다.

학생이 풀었던 면접 문제는 주어진 날짜와 그 외 정보를 이용해서 몇 가지 천체의 위치를 설명하고 고등학교 때 배웠던 공식들을 동원해 공전 주기 등을 구하는 문제였다. 다음은 '밤하늘에서 화성을 찾으려면 어떻게 해야 하는가?'라는 추가질문에 대한 면접 장면이다.

교수님 : 그렇다면, 밤하늘에서 화성을 찾으려면 어떻게 해야 할까?

학생 : 문제에서 주어진 계절이 가을이고 화성의 적경이 ○○시 ○○분이므로 약 ○○시경에 뜰 것입니다. ○○시에 동쪽 밤하늘의 ○○정도의 고도에서 찾을 수 있을 것입니다.

교수님 : 아니, 이 문제에서 주어진 조건 말고, 그냥 평소에 화성을 찾으려고 하면 어떻게 찾아야 하지?

학생 : 음, 잠시만 생각해보겠습니다. 평소에 화성을 밤하늘에서 찾아본 적은 많지만, 적경이나 적위 같은 정보가 없다면 밤하늘에서 화성을 찾더라도 그것이 진짜 화성인지 확신이 안 들 것 같은데요. 모르는 상태에서 화성을 정확하게 찾는 법은 모르겠습니다.

교수님 : 그럼, 학생은 평소에 하늘 보고 화성이란 걸 어떻게 알지?

학생 : 서울 하늘에서 잘 아는 별자리들 중에 1등급인 별과 대상물을 비교해서 특히 더 밝으면 주로 행성인 경우가 많더라고요. 행성과 다른 별자리가 대강 구별이 되면, 화성은 행성 중에서 구별되는 붉은 색을 띄고 있으니까 '저게 화성이겠지'하고 추측합니다.

교수님 : 학생, 황도가 뭔지 알지?

학생 : 네. 간단히 말하면 태양이 천구 상에서 지나다니는 길을 말합니다. 아! 행성은 황도를 따라 움직이니까 황도를 이용해서 화성의 위치를 찾을 수 있지 않을까요?

교수님 : 그래. 그렇게 찾을 수 있겠지.

학생 : 그동안 별이나 행성 같은 것을 단순히 짐작으로 찾아왔지만, 대학에 들어가서 과학적으로 정확히 찾는 법을 배우겠습니다.

주어진 정보 없이 평소에 화성을 찾는 법을 교수님께서 물어보셨다. 화성을 찾아본 경험이 있음을 분명히 밝히면서도 모르는 부분이 있다는 것을 솔직히 말했다. 이어지는 추가질문과 힌트, 답변이 오고가면서 학생이 화성을 찾는 방법에 도달한 것이다.

대학 생활을 하면서 느낀 것 중 하나는, 교수님들은 무조건 많이 알고 있는 학생들보다는 자신이 가르친 것을 잘 따르고 의도한 바대로 과제를 수행해내는 학생을 선호하는 경향이 있다는 것이다. 그래서 면접 시 무조건 모른다고 입을 닫거나, 혹은 교수님의 코멘트에도 불구하고 '내가 알고 있던 것이 맞다'고 하는 것은 삼가는 것이 좋다. 교수님의 말 중에 잘 모르는 개념이나 못들은 부분이 있다면 설명을 요청해보자. 이것은 인문계열 면접에서도 중요하다. 수학, 과학문제처럼 정답이 있는 경우가 많은 자연계열과 달리 특정 시사 문제나 가치관에 대한 학생 본인의 생각을 묻는 인문계열의 면접은 정답이 없는 경우가 많다. 이럴 때 자신의 생각을 논리적으로 펼치고 나름의 확신과 자신감을 갖고 얘기하는 것이 중요하다. 자신의 생각이 보편적인 통념과 다르더라도 일관된 논리로 잘 설명할 수 있다면 좋은 평가를 받을 수 있다. 오히려 신선한 생각이라는 인상도 줄 수 있을 것이다. 하지만 이런 면접의 경우, 교수님과의 토론으로 연결되는 경우가 많아서 교수님의 말에도 충분히 반응하고 (자기 논리가 무너지지 않는 선에서 일부 받아들이는 자세도 보여야한다.) 또 잘 모르는 것이 나왔을 때 솔직히 얘기하고 '앞으로 배우겠습니다'라고 말하는 것도 학생의 자세를 보여주는 부분일 것이다.

▶ 회사 면접에서의 말하기

이십 대의 우리들이 경험하는 면접엔 대학 입시 면접뿐 아니라 취업과 관련한 면접도 있다. 대입 면접 시 각 학교 또는 전공에 따라 중요하게 생각해야 하는 부분이 달라지는 것처럼 취업 면접 역시 마찬가지다. 그렇기에 어떤 면접에 임하던 공통적으로 기억해야할 부분에 대해서 이야기해보고자 한다. 취업에 성공하신 다담의 졸업생들과 주변의 선배들에게, 면접 상황 시 말하기의 중요한 점에 대해 들어보았다.

1. 사실에 기반한 정보(회사 연혁, 주가 정보 등)만을 말한다

회사의 어떤 점 때문에 지원하게 되었냐는 질문에 답할 때 해당 회사에 대한 정보를 말하지 않을 수 없다. 면접에 앞서 지원회사에 대한 정보를 파악하는 것은 기본적인 준비인데, 해당 회사의 홈페이지나 신문 기사 등을 통해 회사에 대한 정보들을 파악하는 과정에서 사실 확인이 이뤄지지 않은, 신뢰도가 의심되는 정보들도 접할 수 있다. 그러나 "~하더라"식의 정보는 면접장에서 말하지 않는 것이 좋다. 정확하지 않은 정보를 담고 있는 사람을 회사에서 환영하지 않을 테니까.

2. 회사가 중요하게 생각하는 가치와 기업문화를 나의 답변과 연결시킨다

인터넷의 유명한 취업만화 '돈까스 취업'은 작가의 실제 경험을 바탕으로 한 만화이다. 만화 속 주인공은 정보를 수집하는 과정에서, 자신이 취업하려는 회사의 독특한 점을 한 가지 발견한다. 사장이나 직원들이 돌아가며 회사 식당에서 점심메뉴를 만들어 동료 직원들에게 제공한다는 것이다. 이것을 알게 된 주인공은 면접자리에서, 삼계탕의 의미를 회사가 지향하는 가치와 연결지어 설명한다. 그리곤 "삼계탕을 만들어 사원들에게 나누어주고 싶다"는 말을 하여 좋은 인상을 남긴다. 회사가 지향하는 목표와 가치를 잘 숙지하고 자신의 장점과 어떻게 연계되는지 답변하자. 또한 그 가치에 자신이 얼마나 기여를 할 수 있는지에 중점을 두어 말해보자. 무조건 경력이나 능력에 대해 줄줄 쏟아 놓는 듯한 말하기 보다는, 회사가 필요로 하는 부분에 충분히 임할 수 있는 사람이라는 인상을 심어주는 것이 중요하다.

3. 당당하지만 정중한 자세를 잃지 않는다

가진 것이 많아도 보이지 않으면 알 수 없다. 면접에 임하는 자세가 시원찮으면 면접자의 능력이 드러나지 않을 뿐더러 면접관들이 주목하지도 않을 것이다. 많이 준비했다면 자신감으로 그것을 표현하자. 자세를 바르게 하고 당당한 목소리와 미소를 띤 표정으로 면접에 임하자. 그러나 당당함은 허풍이나 가식과는 다르다는 것을 간과해서는 안된다. 자신감 넘치는 말투와 자세로 임하되 자신감이 지나쳐 거만하게 보이지 않도록 주의를 하자.

4. 면접관의 질문에 솔직히 대답한다

대학 면접 편에서도 말씀드렸던 부분이다. 면접에서는 특히 거짓이나 과장이 없어야 한다. 모르는 것을 아는 것처럼 말한다면, 단지 '저 사람은 이것을 모르고 있다'는 것뿐 아니라 '거짓되고 과장된 말하기를 하는 사람'이라는 인상까지 면접관의 머리 속에 각인시키게 된다. 괜히 아는 척 하다가 낭패를 보는 수가 있으니 조심해야 한다.

5. 자신의 부족한 점을 추궁하는 질문에 당황하거나 흥분하지 않는다

신입사원이 부족한 것은 당연한 것 아닐까? 면접관이 부족한 부분에 대해 추궁하더라도 당황하지 말고 침착하게 대처하자. 사원을 뽑으면서 단지 능력만을 고려했다면 눈에 보이는 데이터로 사람을 뽑을 것이다. 굳이 사람을 직접 불러 대화를 나누는 데에는 그만한 이유가 있는 것이다. 면접 시에 면접관이 더 중요하게 보는 것은 능력이 아니라 면접에 임하는 자세, 회사에 입사할 사람으로서의 태도라고 생각한다.

>>scene 1

○○과 A양의 면접

- 자신의 장점과 단점이 무엇이라고 생각하나요?

장점은 강한 책임감과 강단 있는 추진력입니다. 대학시절 동안 과모임이나 동아리에서 많은 일을 맡아오며 이 점을 인정받아왔습니다. 그러나 고집이 센 것이 아니냐는 지적을 받을 때도 있었습니다. 모임에서 중요한 결정들을 내리다 보면, 간혹 모든 구성원의 바람을 충족시키지 못할 때가 많기도 합니다. 그래서 일을 처리할 때 최대한 많은 사람들의 의견을 수용하여 결정하려고 노력하고 있습니다.

- 동아리 활동이나 과모임을 많이 했나보군요?

네, 그렇습니다. 저는 말에 대해 관심이 많은 편입니다. 그래서 스피치 커뮤니케이션 동아리에서 1년간 활동했습니다. 과 내에서는 독서토론 학회의 부회장을 맡으며 열심히 활동했습니다. 학교 밖에서도 많은 경험을 하고 싶어서 인터넷의 대학생 자원봉사 카페에 가입하여 매달 넷째 주 토요일에 장애아동들을 돌보는 활동도 했습니다.

- 그럼 경험한 것도 많았을 텐데, 대학 생활 동안 가장 인상 깊었던 경험과 그 경험을 통해 느낀 점이 있다면 말해보세요.

스피치 커뮤니케이션 동아리 활동 중에서 전국 대학생 토론 대회에 나갔던 일이 가장 기억에 남습니다. 한 달이 넘는 기간 동안 토론대회에 나가기 위한 준비를 했습니다. 주어진 주제에 대해서 자료 수집을 하면서 상식도 늘었고 사회 이슈에 대해 더 많은 관심과 고민을 갖게 되었습니다. 또한, 우리팀의 주장을 정리하기 위해 동아리 회원들과 많은 토론과 회의를 거쳤는데, 주제에 대해 서로 다른 생각을 가진 사람들과 토론하는 과정에서 문제를 다각도로 보는 것이 중요하다는 것을 체험했습니다.

- 그렇다면 토론대회 말고, 평소에 사람들과의 의견충돌이 발생하면 어떻게 풀어나갑니까?

개인적인 관계에서 의견 충돌이 있을 때는 대화를 통해 풀어갑니다. 그러나 특정 모임이나 단체처럼, 같은 목적을 가진 집단에서 의견 충돌이 일어난다면 그 모임의 원칙을 기준으로 상황을 풀어

갑니다. 원칙 하에서 옳은 의견이라면 그것을 우선으로 생각해야 합니다. 원칙의 범위에 속하지 않는 사항에 대해서는 다수결로 결정하거나 리더의 선택을 따르는 것이 좋다고 생각합니다.

〉〉scene 2

○○과 B군의 면접

- 가장 닮고 싶은 사람이 누군지 말하고, 그 이유도 말해보세요.

애플 사의 CEO 스티브 잡스입니다. 혁신적인 ipod 디자인을 위하여 1000가지를 두고 고민했던 이 사람은 자기가 창립한 회사에서 해고당하고, 암 선고를 받아 투병을 하기도 했던 사람입니다. 보통 사람이라면 벌써 좌절했을 사건들을 경험하면서도 그는 자신의 신념을 절대로 놓지 않고 다시 일어섰습니다. 저는 그런 열정과 끈기를 닮고 싶습니다.

- 우리 회사 말고 다른 회사에도 지원했나요?

네, 귀사 외에 ○○사 한 곳을 더 지원했습니다.

- **사와 우리 회사 모두 합격한다면 어디를 선택하고 싶습니까?

제 전공을 살리면서도 제가 몸담을 곳으로 두 곳을 지원했지만, 가장 입사하고 싶은 곳은 귀사입니다. 귀사는 **사보다 후발기업이지만 도전적이고 혁신적인 경영으로 단기간에 성장하여 업계 1위를 다투는 기업이 되었습니다. 기존 서비스와 사고방식을 끊임없이 개선하고자 하는 귀사의 도전 정신을 매우 좋아하기 때문에 귀사에 입사하고 싶습니다.

- 좌우명이 무엇인지

'진인사대천명(盡人事待天命)'입니다. '사람이 제 할일을 다 하고 하늘의 뜻을 기다려라'라는 뜻인데 언제나 제가 할 수 있는 최선의 노력을 다하여 후회 없는 삶을 살고 싶다는 뜻에서 이 말을 항상 마음에 새기고 있습니다.

》 scene 3

○○ 과 C군의 면접

- 이 회사를 지원한 동기는 무엇인지, 그리고 입사 후에는 어떤 일을 하고 싶은지.

저는 제가 배운 학문과 제 신념을 통해 정직하게, 당당히 일할 수 있는 컨설턴트로 서고 싶습니다. 실질적으로 사람들의 이야기를 듣고 필요를 채워주고 그의 입장에 서서 문제를 해결하는 일은 오래 전부터 바라던 일이었습니다. 귀사는 선두 SI 업체와의 긴밀한 협력체계를 구축하고 있고, 최근엔 각 서비스 분야의 국내외 전문 기관들과 제휴가 강화되었다는 소식을 기사를 통해 알고 있습니다. 보다 창의적인 접목을 통해 고객에게 실행력 있는 컨설팅을 제공하는 귀사에서 일하고 싶었습니다.

- 전공이 산업공학과인데, 전공을 선택한 특별한 이유가 있다면 무엇입니까?

저는 제 장점을 발휘하고, 단점을 보완할 수 있는 전공으로서 산업공학을 선택하게 되었습니다. 고등학교 때 선생님들께서는 제가 이과적 성향과 문과적 성향을 동시에 갖췄다고 판단해주셨고 저 또한 그렇게 생각합니다. 산업공학은 학문과 비즈니스 세계를 연결시키는 학문이기 때문에, 종합적 사고와 창의적인 시각을 필요로 합니다. 두 계열의 성향을 동시에 갖고 있고 독창적인 사고를 하는 제게 이 전공이 적합하다고 생각했습니다. 또한 저는 고등학교 때 수학이나 컴퓨터를 매우 어려워했는데, 산업공학에서는 통계학과 컴퓨터를 많이 이용한다는 사실을 알게 되었습니다. 이것은 제 부족한 부분을 보완할 수 있는 점이라고 생각해서 산업공학과를 선택하게 되었습니다.

- 그렇군요. 그렇다면 앞으로 이 회사에서 어떻게 전공을 살려 나갈 것인지 궁금한데요

컨설턴트는 고객인 기업이나 정부의 시스템을 평가하고, 어떤 물리적이고 논리적인 시스템이 필요한지 설계하는 중요한 일을 맡습니다. 산업공학은 사람, 물질, 자원, 에너지로 이뤄진 시스템을 설계하고 평가하는 모든 학문을 지칭합니다. 학부 4년과 대학원에서 키운 시스템 설계와 분석능력은 컨설턴트 일을 하는데 매우 도움이 될 것이라고 생각합니다.

- 혹시 친구들이 부르는 별명이 있습니까?

네, 있습니다. 'womanizer'라는 별명입니다.

- 흔한 별명은 아니군요. 왜 그런 별명을 갖게 되었나요?

대학교 3학년 때 여러 학교 학생들이 참여하는 영어 캠프를 가게 되었습니다. 캠프 첫 날에, 여학생들 무리 사이에서 남학생들이 어색해하며 말을 잘 못하고 있었습니다. 그때 제가 나서서 서로 대화할 수 있도록 분위기를 이끌었습니다. 그래서 캠프가 끝난 뒤에는 남학생과 여학생 모두 가까워지게 되었습니다. 'womanize'는 사전 상으로는 '여자 같이 만들다'는 뜻의 단어이지만, 제가 여학생들 사이에서도 부끄러워하지 않고 대화를 잘 이끈다고 친구들이 재미있게 붙여준 별명입니다.

〈면접관에게 직접 듣는다〉

- 공중파 모 방송국 인사부장님과의 인터뷰

우리가 학창시절에 내신 시험이나 대입 시험을 치르며 귀에 못이 박히도록 듣는 말이 바로 이것이다. "출제자의 의도를 파악하라." 면접에서도 면접관이 중요하게 생각하는 부분을 알아야한다. 그러나 우리가 면접관이 되어본 적이 없는 이상 그들의 마음을 알 수 없는 법. 기회가 된다면 지원하는 곳의 면접을 경험해본 선배를 만나거나 면접관의 경험이 있는 분을 만나보는 것이 좋을 것이다.

여기에서는 다른 기업보다 말과 언어를 특히 더 중요하게 생각하는 언론사의 면접은 어떤지 알아보기 위해, 모 방송사에서 다년간 면접관으로 참여하고 계신 보도국 간부 한 분을 만나 인터뷰한 내용을 소개하도록 하겠다.

-면접 시 평가 기준은?

언론사와 일반 기업체는 면접이나 평가 기준이 다르기 마련이다. 또 기업 내에서도 직종의 특성마다 평가 기준이 다른 것처럼 언론사의 경우도 PD, 기자, 아나운서, 작가 등 분야마다 중점적으로 보는 기준이 다르다.

-각 분야 면접마다 중요하게 생각하는 점은 무엇인가?

예를 들면 PD의 경우는 창조성, 독창성을 주로 본다. PD는 참신한 프로를 만들어내야 하기 때문이다. 그래서 PD에게 도덕적인 소양까지 완벽하기를 요구하진 않는다. 개인의 윤리적 문제는 아주 심각하지 않은 이상은, 별로 중요하게 생각하지는 않는다.

기자의 경우는 반대로 독창성이나 상상력은 전혀 필요 없다. 합리적 판단을 하는 사유능력을 가지고 있는가, 도덕적으로 건전한 판단을 내리는 사람인가를 중요하게 본다. 우리 사회에서 언론 기사에 요구하는 윤리적인 부분과 기자의 생각이 일치하지 않는다면 그건 기자로서 문제가 있는 것 아닌가. 기자에겐 지적 호기심도 매우 중요하다. 사건의 핵심 내용은 무엇이고 왜 그런 현상이 있는지 포착하여 깊게 파고 들어가는 호기심이 있어야 한다. '그게 나랑 무슨 관계야' 하며 넘겨버리는 사람이 기자를 할 수 있겠나. 또한 파헤친 것들을 논리적으로 설명하는 능력도 있어야 한다.

-언론사뿐 아니라 어느 곳의 면접이나 공통적으로 중요한 요소가 있다면

그건 바로 자신감이다. 유명한 방송인 오프라 윈프리도 "나를 성공하게 한 가장 큰 능력은 바로 나의 자신감이었다"고 말했다지 않은가.

-자신감이 면접에서 중요한 것은 알겠는데, 면접에서의 자신감이란 구체적으로 무엇을 말하는지?

예를 들면 이런 것이다. 면접 볼 때 모르는 질문이 나왔을 때 우물쭈물하지 않고 "아, 그것은 제가 잘 모르겠습니다. 앞으로 연구해보겠습니다." 하는 당당함이다. 그런데 "아, 모르는 건데 큰일 났네." 이렇게 머뭇거리는 친구는 합격 명단에서 제외된다. 또 이런 경우도 있다. 얼마전 면접에서 한 지원자는 자꾸 혀 짧은 발음을 내는 것이다. 방송기자 같은 경우는 말로 먹고 사는 직업이니까 전달력이 떨어지거나 발음이 이상하면 곤란하다. 그래서 내가 '아이우에오'를 해보라고 그 자리에서 바로 시켰다. 그랬더니 나의 의도를 알아차리고 곧 이렇게 답하는 것이다. "지금 교정기를 끼고 있는 상태라서 발음이 샙니다. 이제 곧 뺄 예정입니다. 교정기를 빼면 발음에는 문제가 없을 겁니다." 자신감 있게 지적받은 부분에 대해 확실히 밝히고 모두가 수긍하게 해서 참 좋았다. 그친구는 바로 그 자신감 때문에 합격이었다. 자기 스스로에 대한 자긍심이 있는 사람이 자신감을 갖는 법이다. 자긍심이 있으려면 기본적으로 자기 스스로에 대한 투자를 끊임없이 해온 기반이 있어야 나올 수 있는 것이다.

-진정한 '자신 있는 말하기'는 자신의 능력이 뒷받침 될 때 나올 수 있다는 것인가

그렇다. 제품을 만드는 사람이 자신 없는 제품을 만들어 놓고 팔리길 바랄 순 없다. 음식점에서도 음식을 맛있게 만들어야 자신 있게 내놓을 수 있는 법이다. 마찬가지로 어떤 곳에 입사한다는 것은 자기 몸을 걸고 자기 능력을 직장에 파는 것이다. "내가 20년 넘게 인생을 살아오는 동안 나 자신에게 스스로 투자하여 오늘날 당신 앞에 섰습니다. 이것이 바로 그간 투자해온 나의 모습입니다. 내 인격과 내 능력이 이러하니 당신들이 이 인격과 능력을 사주십시오!"라는 당당한 기운을 면접에서 과감히 보여줄 줄 알아야 한다.

-면접 현장에서 지원자들의 그런 면모가 잘 구분되는가?

자기 기반이 없는 사람은 질문을 해보면 '안에 내용은 하나도 없는 놈이 겉으로 뻥튀기 하는구나.' 하는 것이 금방 드러난다. 많은 면접자들은 괜히 적극적이고 어그레시브하게 보이려고, '난 소극적이지 않다!'는 듯 목소리를 크게 한다. 이렇듯 겉으로 보이는 모습을 잘 만들어놓으면 속을 거라 생각하는데 절대 그렇지 않다. 면접관들은 대개 40~50대가 넘어간 사람들이라 그동안 인생을 살며 사람을 대하는 경험이 있기 마련이다. 말하는 그 사람의 행동이나 표정만 봐도 그것이 자기 실력에 대한 자신감인지, 없으면서 그런 척하는 것인지 다 보인다. "이건 뻥이구나.", "이 사람은 꽝이구나." 금세 판단이 된다는 얘기다. 괜히 자신감 있게 보이려고 모르는데도 엉뚱한 얘기를 하는 것은 가장 큰 감점이 되며 탈락 1순위이다. 면접에선 무조건 솔직해야한다.

-그렇다면 자기소개서의 과장이나 거짓된 부분도 잘 걸러지는가?

다들 자신의 인성에 대해 그럴듯하게 써놓지만, 면접 때 지원자를 앉혀놓고 말을 시켜보면 실제 모습이 다 드러난다. 그래서 자기소개서를 읽어도 일단 우리는 거의 믿지 않는다. 면접 때 무슨 질문을 할지 생각하게 하는 참고자료가 될 뿐이다. 면접 단계까지 올라온 사람이라면 이미 필기시험, 논술시험, 토론면접 등을 통해 그의 인성이 다 드러나 있다고 보면 된다. 실제로 모든 면접관들은 그런 자료를 면접 바로 직전에 읽은 뒤 면접자를 만난다.

-면접자의 말하기 실력이 면접에 얼마나 영향을 준다고 생각하는지?

결론부터 말하자면, 면접에서는 말의 내용과 그 안의 인격을 볼 뿐이다. 그런 바탕만 갖고 있다면 자신이 갖고 있는 내용이 면접관 귀에 잘 들어오게 전달하는 말하기 정도만 하면 된다. 요즘 언론사 시험을 소위 '언론고시'라고 부르며 지원자들끼리 예상문제 공부도 하며 많이 공부한다. 논술도 기승전결에 맞춰서 잘 쓰기 때문에, 읽어보면 참 번지르르 하다. 하지만 말하는 걸 보면 기술만 연습해서 왔다는 게 보이곤 한다. 면접관은 얘기하는 내용을 들어보면 알고 하는 말인지 모르고 하는 말인지 다 알 수 있다.

-예를 몇 가지 들어보면?

예를 들면 면접 때 이런 질문을 던진다.

"지금 우리 경제가 어때?"

이 때 "경제가 잘 돌아가고 있습니다"라고 대답하면 그 답변은 벌써 '꽝'일테고. 경제가 안 좋은 상태라고 답한다면 "경제가 왜 잘 안 돌아간다고 생각해?"라고 물을 것이다.

평소에 이런 생각을 깊이 해본 사람이라면 자기 나름의 논리를 갖고 답한다. "우리 경제 성장률이 지금 **%로 현재 경제 성장 동력을 잃어버리고 있습니다. 그 이유는 경제정책면에서 이러저러하고, 투자면으로는…" 이런 식으로 맥을 짚어서 말한다. 평소에 자기 생각을 쌓아놓지 못한 사람은 아무리 말을 멋지고 조리 있게 한다 해도 본질을 꿰뚫고 있는 사람을 당해내지 못한다. 면접에 있어서 말솜씨란, 결국 자기 생각을 표현하는데 어렵지 않은 정도의 수준이면 된다는 것이다. 면접관에겐 그것으로 족하다. 아나운서 시험에 지원하는 게 아니라면, 꼭 청산유수 같은 말솜씨일 필요가 없다.

-굉장히 총체적인 질문을 던지는 것 같다.

그렇다. 이렇게 포괄적인 질문을 던지는 것은 이 사람이 평소에 생각을 많이 했고 실력이 있는지를 보려는 것이다. 다른 예를 또 말하자면 이렇다.

"요즘 한미 FTA와 전작권 환수가 초미의 관심사다. 전작권 환수과 FTA에 대해 본인의 생각을 얘기해보라"고 질문한다.

면접자는 면접관의 눈을 똑바로 쳐다보며 "전작권 환수는 시기상조이고 안보상의 불안이 있으니 아직은 안 됩니다"라든지, FTA 질문의 경우 "지금 같은 글로벌 시대에 우리나라가 교역 10대 국인데 무역을 안 하고 살 수는 없고 제일 큰 무역 장벽인 미국을 고려 안할 수 없습니다. 그러므로 다소 국내에 좀 손해가 되더라도 이것은 해야 합니다." 혹은 "우리 농민들이 국민 소득의 3%를 차지하고 있으나 정치권에서 차지하고 있는 표가 20%나 되니 농민들의 의견을 무시할 수는 없습니다." 등등 자기 나름의 논리적 근거를 보여줄 수 있으면 된다.

-그 밖에 면접을 보는 지원자들에게 하고 싶은 말이 있다면?

요즘 지원자들에겐 '일단 이 시험만 넘겨보겠다'는 태도가 간혹 보여지는데 바람직하지 않다. 물론 면접시험을 통과하여 입사하는 것도 중요하다. 워낙 입사시험이 치열해진 세상이니 그럴 수밖에 없겠지만, '내가 이 직장에서 일을 잘해서 톱이 되겠다'는 포부를 갖고 있는 지원자가 있기를 바라는 것이 모든 면접관들의 마음 아니겠는가. 보다 큰 목표와 포부를 보여준다면 좋겠다.

▶ 동아리 면접에서의 말하기

대학생활에서 빠뜨릴 수 없는 것. 바로 동아리 활동이다. 동아리 활동은 대학 내의 대인관계를 다른 과 혹은 다른 학교 사람들로 확장시킬 수 있는 기회이다. 또 전공 관련 공부에서 잠시 벗어나 여러 가지 경험과 체험을 할 수 있고 취미생활을 즐길 수도 있다. 요즘은 자기계발을 위한 동아리도 많이 생겨나고 있는데, 이들은 대개 면접으로 회원을 선발하는 경우가 많다. 동아리 면접에서는 어떤 자세로 임해야 할까?

1. 열정 하나면 OK

어떤 동아리건 회원들이 활동을 열심히 하고 동아리에 활기가 넘치기를 바란다. 자신이 동아리에 들어가서 열심히 활동할 것이라는 점을 강조해서 말하는 것이 좋다. 여러분이 동아리의 회장이라고 생각해보자. 기본 실력이 뛰어나지만 동아리에 별다른 열정이 없어보이는 사람과, 능력은 좀 부족하지만 열심히 하겠다고 뽑아달라는 사람 중에 어떤 사람을 동아리에 들이고 싶을지?

2. 편안하고 솔직하게

너무 잘 보이려고 애쓸 필요는 없다. 왜 이곳에 들어오려고 하는지, 들어와서 어떻게 활동하고 무엇을 얻고 싶은지, 솔직하고 편안한 마음으로 전달하면 된다.

3. 다담의 면접

다담도 신입회원을 면접으로 선발한다. 매 학기마다 홍보 과정을 거친 뒤 지원자를 모집하는데, 지원서는 간단한 동기와 자기소개를 쓰는 정도이다. 면접은 지도교수와 졸업회원들 앞에서 정해진 시간동안 자기소개를 한 뒤 질의응답을 거치는 형식으로 진행된다. 다담 면접을 경험한 신입회원 ○○양의 이야기를 한번 들어보도록 하자.

"처음에 지원을 했을 때 회장께서 2분짜리 소개를 준비하라고 하시더라구요. 집에서 자기소개를 준비하면서, 꼭 2분이 아니어도 되지 않을까 하는 생각에 정확히 2분으로 준비하진 않았지요. 그런데 면접 당일 날, 회장께 물어보았더니 2분으로 맞추는 것이 좋다고 하시는 거에요. 제가 준비한 것은 2분 보다 좀 짧았거든요. 그래서 기다리는 동안 급히 내용을 더 추가했죠. 그 때부터 많이 긴장하고 걱정했어요.

저는 새내기라, 대학 면접도 동아리 면접 본 것과 시기가 얼마 차이가 안 나잖아요. 대학 면접은 분위기가 엄숙했었죠. 교수님들 표정도 굳어있었고요. 면접 장소도 강의실 같은 약간 딱딱한 장소였어요. 그런데 동아리 면접실에 들어가니까 조명도 환하고 면접관들도 환하게 웃으면서 맞이해줘서 순간 긴장이 풀렸어요. 대학 면접에서는 교수님들이 마치 나를 비판하려고 공격한다는 느낌이 들어서 무서웠는데, 동아리 면접은 그런 느낌보다는 대화하려는 분위기여서 좋았지요."

》 scene

면접관 1 : 사화과학계열 ○○○양이죠? 자리에 앉으세요.

면접관 2 : 자기소개 준비하셨죠? 지금부터 자기소개를 해주세요. 시간은 2분입니다.

○○○ : 안녕하세요, 저는 사회과학계열에 재학 중인 ○○○입니다. 이번에 입학한 새내기입니다. 학교에 들어와 좋은 동아리를 찾다가 말하기 동아리인 다담을 알게 되었습니다. 저는 말과 언어에 대해 관심이 많은데요, 그래서 언어에 대한 공부도 많이 했습니다.

현재는 중국어, 스페인어, 일어를 조금 할 줄 압니다. 저는 앞으로 제가 무슨 일을 하든지 사회에 나갔을 때 말을 조리 있게 하는 것이 매우 중요하다고 생각하는데요, 이 동아리가 말에 대해 생각하고 연습하는 곳이라는 이야기를 듣고 다담에 들어오기로 결심했습니다. 저는 단순히 말의 기술만 늘리고 싶지는 않습니다. 그것도 중요하겠지만, 인간관계에 있어서 서로를 이해할 수 있어야 진정한 말하기를 할 수 있지 않을까요? 다담 동아리 활동은 말의 기술적인 면뿐만 아니라, 사람들과의 관계를 통해 이해하는 능력과 마음까지 배울 수 있는 곳이라 생각됩니다. 그래서 저는 다담에 꼭 들어가고 싶습니다. 다담 회원으로 뽑히게 되면 열심히 활동할 생각입니다.

면접관 1 : ○○양은 중국어, 스페인어, 일어를 할 줄 안다고 했죠? 사회과학계열이라고 들었는데, 혹시 외교학과를 갈 건가요?

○○○ : 외교학과도 고려 대상이지만, 그건 적용범위가 좁아서 좀 더 생각해보려고요. 아직은 1학년이기 때문에 여러 가지를 경험해 본 뒤 결정해도 늦지 않다고 생각합니다.

면접관 3 : 우리 동아리는 노는 것과는 관계가 적은 동아리에요. 새내기라면 놀고 싶기도 할텐데, 우리 동아리를 선택한 이유를 듣고 싶네요.

○○○ : 말하는 것은 매우 의미 있는 일이라고 생각합니다. 아까 자기소개에도 말씀을 드렸지만, 나중에 사회에 나가서 누구를 만나 어떤 일을 하든지 자기 생각을 잘 얘기해야 할 텐데, 그러려면

말을 조리 있게 하는 것이 중요하다고 생각했거든요. 솔직히 대학에 오면 많이 놀아야지 하는 생각도 했어요. 그런데 계속 생각해 보니, 노는 것도 좋지만 새내기 시절에 너무 노느라 제 목표를 등한시 하면 안 되겠다는 생각도 들었습니다. 말을 잘하면서도, 상대방과 좋은 인간관계를 맺는 사람이 되는 것이 제 목표 중 하나거든요. 또 동아리 활동을 하면서 사람들과 관계를 맺어나가는 것이, 저에게는 노는 것보다 더 재밌을 것 같아요.

면접관 2 : 그렇군요. 이제 나가서도 좋습니다. 수고하셨습니다.

마지막으로 동아리 면접에 대한 ○○양의 생각을 들어보자?

"내가 좋아해서, 정말 하고 싶어서 동아리에 들어가는 것이니까 그 필요의 의미가 대학 입시만큼은 중요하지 않았어요. 대입면접에서는 '내가 많이 알아요'라는 걸 어필하는 것이 중요하잖아요. 하지만 동아리는 '내가 많이 알아요'를 말하기보다 '나는 이런 사람이에요'를 솔직히 말하는 게 중요해요. 물론 동아리란 모임도 같은 취미나 목표를 가진 사람들이 모이는 것이지만, 그 안에서 더 중요한 건 인간관계라고 생각하기 때문에 저는 제 자신을 과장해서 말하지 않았어요. 그렇게 나 자신을 과장해서 동아리에 들어간다면, 활동하면서도 전혀 행복하지 않을 테니까요."

동아리 면접은 동아리에서 자신들의 모임을 공유할 사람들을 찾는 과정이다. 당연히 과장되고 포장된 모습을 보이는 사람보다는 솔직한 사람을 더 선호한다. 편안한 분위기에서 자신의 솔직한 생각을 밝힌 ○○양은 결국 다담의 신입회원이 되어 지금도 열심히 활동을 하고 있다.

4

과외에서의
말하기

과외를 하다보면 다양한 학생들을 만나게 된다. 어느 하나 개성
이 뚜렷하지 않은 아이들이 없을 정도로 모습도 성격도 제각각이다.
그렇기 때문에 어떤 학생을 만나든 항상 같은 태도와 패턴으로만
대할 수는 없는 노릇. 내성적이고 상처를 잘 받는 민감한 아이에
게 말할 때와 털털한 타입의 아이에게 말하는 것은 그 내용이 같
아도 형식은 달라야 한다. 한마디의 말이라도 학생이 공감하고 잘
따르게 만드는 말을 하고 싶다면 내가 가르치는 이 아이가 어떤
아이인지 먼저 파악해야 한다. 과외 수업 현장에서 일어나는 대화
나 학생들의 타입은 워낙 case by case인지라 그런 부분까지는 말
하기 어려울 것 같다. 다만 과외 현장에서 염두하고 있으면 좋을

만한 이야기들을 짚어보는 것도 방법 중 하나이다.

1) 일단 잘 들어준다

공부에 대한 것뿐 아니라 학교 생활이나 진로에 대한 고민 등 학생의 이야기들을 잘 들어주면 친밀감을 높일 수 있다. 가르치는 방식이나 숙제에 대한 불만 등도 경청해주자. 비록 학생이 원하는 대로 다 해줄 수 없다 할지라도 그것에 대해 잘 들은 뒤, 선생님의 생각을 말해주는 것이 무조건 하라고 일방적으로 말하는 것보다 훨씬 좋은 방법이다.

2) 자신이 권위를 가진 교사라기보다 공부를 도와주는 조력자임을 강조한다

과외학생과 대학생의 나이 차이는 과외학생과 학교 선생님의 나이차이보다 훨씬 적다. 그래서 학생들은 과외 선생님이 무섭고 불편하게 느껴지는 존재가 아니라, 오빠 언니 같은 편안한 존재로 있길 바라는 것 같다. 자신이 권위를 가진 존재라기보다, 학생의 공부를 도와주고 시험이나 수험 생활을 같이 헤쳐 나가는 동반자이며 조력자라는 사실을 평소에 강조한다면, 과외 선생님의 충고가 거부감으로 다가가진 않을 것이라 생각된다.

3) 학생의 현재 학습 상태에 대해 말한다

교육심리학 관련 연구 결과를 보면, 우리가 일반적으로 생각하는 것과는 달리 학생들은 자신이 현재 무엇을 얼마나 알고 있는지 제대로 알지 못한다고 한다. 학생에게 지금 어떤 점을 잘하고 있고, 어떤 부분이 부족한지를 솔직하게 말해주자. 학생은 자신에 대한 정보를 얻게 되고, 선생님의 관심을 확인하는 계기가 된다. 부족한 부분을 지적할 냉철하고 이성적인 표현을 함과 동시에 그 부족한 부분은 더 노력해서 극복할 수 있다는 격려의 말을 건네주면 더 좋을 것이다.

4) 칭찬과 처벌의 기준을 세워 그것을 분명히 제시한다

한번은 과외 학생이 숙제를 전혀 해오지 않았던 적이 있었다. 왜 못했는지 물어보았더니 딱히 사정이 있었던 것도 아니었기에 혼을 냈다. 며칠 뒤 다시 과외시간에 그 학생이 이런 말을 꺼내는 것이다.

"선생님은 화내실 때 타당한 이유가 있었는데, 얼마 전부터 새로 시작한 과학 과외 선생님은 자주 빼지고 자주 화내요. 그 선생님은 그냥 인간적으로 막 화를 내는 것 같아서 기분 나쁘더라고요."

칭찬과 처벌의 기준을 세워보자. 학생을 혼낼 때 처벌에 대한 기준을 분명히 밝히면 위의 학생처럼 기분이 상하거나 혼란스러워 하는 일은 없을 것이다. 예를 들어 과제를 충분히 할 수 있는 상황인데 안 했을 때, 틀린 문제를 다시 복습하지 않았을 때처럼 말이다.

그럼, 기준을 어떻게 세워야 할까? 과외를 하다보면 칭찬의 말,

혼내는 말을 얼마나 많이 해줘야할지 감이 잘 안잡힐 때가 있다. 칭찬 받을 만한, 혼날 만한 행동을 할 때마다 매번 칭찬하고 혼내야 할까? 교육 심리학자의 연구에 따르면, 칭찬과 처벌을 할 때는 간격을 두되 그 시점이 고정되지 않는 것이 좋다고 한다. 예를 들어 숙제를 안 해올 때마다 혼내는 것이 아니라, 세 번 안 해오면 한번 혼내는 식으로. 혼내는 시점도 변화를 주면 좋다고 한다. 어떤 때는 첫 번째 안 해왔을 때, 어떤 때는 세 번째 안 해왔을 때 혼내는 식으로. 이것은 학생이 처벌을 주는 시점을 예측 못하기 때문에 효과적이다. 칭찬의 경우도 마찬가지. 너무 자주 칭찬을 하거나 고정적으로 하면 학생이 칭찬의 말에 질리게 되고 무뎌진다고.

5) 학생에게 내주는 숙제나 가르치는 과정이 학생에게 어떤 의미와 영향이 있는지 말한다

과외 수업을 하고 있는 친구들과 이야기를 나눠보면 "그냥 문제 풀어오라고 한 다음에 틀린 것 설명해주면 되는 거 아냐?"라고 말하는 친구들도 간혹 있다. 물론 사람마다 가르치는 방식은 다를 것이다. 하지만 학생에게 과제를 내줄 때 그 의미나 의도에 대해 확실히 밝혀주면 아이는 과제의 필요성을 인식할 수 있고 동기부여가 될 수도 있다. 영어 단어를 외워오라는 말을 할 때 "이제부터 영어 단어를 매일 10개씩 외워 와. 과외할 때마다 시험 볼 거야"라고 말하는 것 보단 "영문 독해를 하려고 해도 거기 나오는 단어를 잘 모르면 내용을 확실히 모르게 되잖아. 그래서 단어를 아는

게 중요해. 그런데, 그냥 무턱대고 한꺼번에 외우면 기억이 잘 안 날 테니까 하루에 10개씩 규칙적으로 조금씩 외우자. 못 외운 게 있나 없나 확인하는 차원에서 시험도 볼 거야"라고 말해보자. 학생이 선생님의 강의 방식을 더 잘 받아들이는 것이 될 것이다. 왜 이것을 하는지 알고 공부하는 것이 학생의 입장에선 더 효과적이다.

5

선후배간의
말하기

대학생이 되면서 우리는 이전에 비해 참 많은 사람들을 만나게 된다. 과거 중·고등학교 시절에는 주로 나이도 같고 학년도 같은 동급생들끼리 공부를 하고 학교생활을 하게 되지만, 대학에 오면 동기는 물론이고 선배 후배 등 훨씬 다양한 인간관계를 만나게 된다. 그러다 보니 그 관계의 다양성으로 인해 오히려 전에는 없었던 새로운 고민을 하기도 한다.

아직 약간은 쌀쌀한 2월 초순, 11월부터 2월까지 수능이며 논술 면접까지 길었던 대학입시도 끝나고 최종 합격자 발표가 난 다음 날이다. 방학이지만 국문과 과방에는 학생들이 잔뜩 모여 있다. 오늘은 국문과에 합격한 새내기들에게 선배들이 신입생환영회 참가에 관한 안내 전화를 돌리기로 한 날이기 때문이다. 모두들 합격한 새내기들의 이름과 전화번호가 적힌 종이를 한 장씩 들고 전화를 건다. "따르르릉…아 여보세요" "안녕하세요, 혹시 OO대 국문과 합격하셨죠?" "예 반갑습니다! 저는 국문과 2학년 태식이라고 하는데요." "예 다른 것 궁금한 거 없으시죠? 다음 주 목요일 10시까지 늦지 말고 국문과 과방으로 오세요." 다들 새로운 새내기들을 만난다는 기쁨에 신나서 전화를 돌린다. "야 방금 전화한 OO이 목소리 예쁘더라." "내가 전화한 OO이는 참 착한 것 같애." 그런데 한쪽에서 조용히 전화를 걸던 철규가 다소 굳은 표정으로 전화를 끊었다. "얘들아, 새내기들 중에 우리보다 나이 많은 후배가 있는 것 같아." "뭐!" "어떡하지?" "뭐라고 불러야되?"

이번에 OO대 국문과에 합격한 준영이는 방금 전화를 한통 받았다. "아, 예 알겠습니다."

전화는 이번에 합격한 OO대 국문과 학생에게서 온 것이었는데 신입생환영회에 참가하라는 내용이었다. 준영이는 전에 XX대 정치학과를 다니다가 이번에 다시 수능을 보고 국문과에 들어간 경우였다. 꼭 숨길 의도는 아니었지만 사는 곳이랑 졸업한 고등학교를 이야기하다 보니 자신이 전화한 선배보다 나이가 한살 더 많다는 것을 알게 된 것이다. 통화를 끝낸 후 준영이는 상대가 자신의 나이를 알게 된 후로 상당히 불편해한다는 느낌을 받았다. '오라고는 했지만 별로 안 반기는 것 같던데, 신입생 환영회를 가야될까?' 다시 즐겁게 대학생활을 하겠다고 마음먹은 준영이었지만 막상 나이 어린 선배들과 생활을 할 생각을 하니 그들이 자신을 어떻게 생각할지도 모르겠고, 그들을 뭐라고 불러야 할지, 자기가 어떻게 해야 하는지 걱정이 앞선다.

2006년 대학수학능력시험의 응시결과를 보면 2006년에 대학을 가기 위해 입시를 치른 응시자의 총 수가 593,806명이다. 그런데 이중 약 25퍼센트인 159,190명이 졸업생이었다. 즉 요즘은 대학에 입학하기 위해 수능시험을 치는 수험생의 적어도 4분의 1이상이 고등학교 재학생이 아닌 졸업생이라는 의미이다. 그러다 보니 신입생을 받게 되는 2월경이 되면 학교에서 위와 같은 상황들이 자주 벌어진다.

우리말에는 높임말의 표현이 상당히 발달해 있다. 자기보다 나이가 많은 사람이나 높은 사람에게는 존대말을 하고 나이가 어린 사람이나 낮은 사람에게는 반말을 한다. 심지어는 자신이 말하려고 하는 사람보다 더 높은 사람이 있을 경우는 상대에 대해 낮추어서 말하는 압존법까지 있다. 호칭에 있어서도 마찬가지이다. 영어에서는 남자형제이면 모두 brother이고 여자형제이면 모두 sister이지만 우리말에서는 자기보다 나이 많은 사람에게만 '형' 또는 '언니'라고 사용하게 되어 있다. 우리말에서 높임법의 표현이나 호칭은 표현의 문제일 뿐만 아니라 서열 내지는 상하관계로 파악하는 경향이 있어서, 그것을 잘못 사용할 경우 상대에 대한 예의 없음이나 고의적인 무례로 평가되기도 한다. 그런 까닭에 나이 적은 선배와 나이 많은 후배간의 높임말과 호칭문제는 서로 간에 미묘한 갈등을 일으키는 원인이 된다. 중·고등학교 까지는 모두 똑같이 진학을 하고 학년이 올라가기 때문에 아주 특별한 경우가 아니고서야 나이와 학년이 일치했다. 그렇지만 대학에 오면서, 그리고 군대나 직장 같은 사회로 나갈수록 나이와 지위가 일치하지 않는 경우가 더 많이 생기게 된다.

사실 사회에서는 스무 살이 넘은 사람이라면 모두 똑같은 성인이고 한 사람의 인격체임으로 나이나 지위에 관계없이 상대에게 예의를 갖추어 존칭을 하는 것이 옳다. 또 사람을 부를 때의 호칭은 '누구씨' 하고 이름 뒤에 '씨'자를 붙이든가 아니면 '누구님'하고 '님'자를 붙이게 된다. 이후 개인적으로 좀 더 잘 아는 사이가 되면 나이의 많고 적음에 따라 윗사람과 아랫사람이 정해지고 나이가 적은 사람이 많은 사람에게 존대말을 사용하고 호칭은 형이나 언니라고 부르게 된다. 반면 군대나 직장 같은 조직에서는 다른 모습이 나타난다. 군대나 직장 같은 조직은 전쟁이나 업무수행 같은 특정한 목적을 달성하기 위해 만들어졌다. 그래서 조직의 목표 달성이 무엇보다 중요하다. 목표를 효과적으로 달성하기 위해서는 직위에 따른 서열이 필요할 수 있고, 그러한 서열을 유지하기 위한 수단으로써 존칭과 호칭이 사용될 수 있다. 그러므로 조직에서는 나이에 상관없이 자기보다 높은 직위에 있는 사람에 대해서는 '중대장님' '부장님'처럼 그 사람의 직위를 부르고 존칭을 해야 할 것이다. 그렇다면 대학에서의 선후배관계는 어떠해야 하는 것일까?

　과거의 대학 문화는 학번으로 대표되는 선후배관계로서의 서열이 중시되었다. 과거의 대학에서 나이보다 학번을 더 중요시하게 되었던 이유로 두 가지를 들 수 있다. 그 첫째는 당시 시대 상황에 따른 필요성 때문이었다. 군사정권하에 대학을 다녔던 당시 대학생들에게는 독재 등의 억압적인 사회 현실에 맞서 함께 투쟁해야 한다는 공통적인 목표가 있었다. 그 목표를 달성하기 위해 학생들은 조직적으로 움직여야 할 필요성이 있었으며 그 조직적인 움직임과 체계를 유지하기 위해 서열이 필요했던 것이다. 두번째는 당시의 사회 분위기와 구조적인 모습 때문이었다. 일반적으로 대학생들은 사회에서 보다 진보적인 위치에 서 있지만 당시 사회는 현재보다 훨씬 더 보수적이고 수직적인 위계질서를 당연시하는 분위기를 가지고 있었다. 또한 당시에는 학업 부분에 있어서도 어떤 면에서는 정규적인 수업을 통해 배우는 것보다 선배들을 통해 배우는 것이 더 많았다. 그래서 후배보다 많은 것들을 알고 또 이끌어주는 선배들을 대접하는 것은 자연스러운 일이었고 학번을 우선시하는 질서가 생기는 것도 당연한 것이었다.

현재의 대학문화는 많은 면에서 달라졌다. 먼저 현재 대학생들은 과거처럼 집단적으로 함께 이루어야할 공통적인 목표를 가지고 있지 않다. 대학생들에게 대학이란 자신이 배우고 싶은 것을 공부하고, 원하는 동아리 활동을 즐기고 다양한 사람들을 만나는 생활공간일 뿐이다. 또한 학업 면에 있어서도 선배가 후배를 가르쳐주기 보다는 같은 교실에서 함께 공부하며 함께 조모임도 하고 경쟁하기도 하는 동반자의 관계이다. 과거 대학에서 쓰던 '학우(學友)'라는 말이 그때보다 더 어울리는 시대가 된 것이다. 게다가 위에서 언급한 것처럼 대학수학능력시험 원서 접수자 현황에서도 알 수 있듯 재수를 하거나 다른 대학에 다니다가 다시 대학에 들어오는 졸업생들의 숫자도 많아졌다.

　현재의 대학에서 학번과 나이 중 어떤 것을 우선시해야 하는지, 서로 간의 호칭과 높임말을 어떻게 정립해야 하는지에 대한 정답은 없다고 생각한다. 특별한 이유도 없이 단순히 학교에 먼저 들어왔다는 이유로 학번을 우선시하는 위계질서를 강요할 필요도 없고, 반대로 좀 더 나이가 많다는 것을 내세워 대접 받아야 하는 것도 아니다. 중요한 것은 나이 적은 선배든 나이 많은 후배든 앞으로 몇 년 동안 함께 대학생활을 해 나갈 '학우'라는 것이다. 나이가 많은가 학번이 높은가를 따져서 대립하고 상하관계를 만드는 것보다, 먼저 서로를 존중하고 그것을 바탕으로 좋은 관계를 맺어가는 것이 대학생인 우리에게 필요한 일이다. 그렇다면 서로 살아온 가치관도 다르고 생각도 다를 수 있는 나이 많은 후배나 나이 적은 선배와 좋은 관계를 맺어 나가기 위해서는 어떻게 해야 할까?

나이가 적은 선배나, 나이 많은 후배를 대하는 법

〈미리 짐작하지 말자〉

처음으로 후배를 받게 된 2학년들은 동갑이거나 더 나이가 많은 후배가 있다는 사실을 알게 되면 부담을 가지는 경우가 많다. 심한 경우 만나기도 전에 '우리가 선배인데 어리다고 무시당하지 않을까?', '자기가 나이 많다고 대접 받을라고 하는 건 아닐까?' 하고 걱정을 하기도 한다. 그러나 사실 이런 것은 단지 짐작일 뿐이다. '집에 있던 도끼가 없어진 뒤에 옆집 남자의 행동을 보니 하나하나가 도둑질한 사람의 행동으로 보였는데, 도끼를 찾고 나니 전혀 도둑놈처럼 보이지 않더라'라는 옛 이야기처럼 의심하는 눈으로 보면 말투나 행동 하나하나가 그렇게 보이는 것이다. 재수생이나 나이든 신입생의 경우도 그렇다. 많은 신입들이 입학하기 전부터, '학교 갔을 때 어린애들이 선배행세 하려고 들면 어떡하지?' '나이 많다고 무시 할 텐데 잘 적응할 수 있을까?' 하고 일어나지 않은 일들에 대한 고민을 미리 하는 것을 볼 수 있다. 그러나 처음 만난 사람을 무시하거나 대접받으려는 행동을 하는 것은 나이가 많고 적음, 또는 선후배의 문제가 아니라 그 사람의 인격의 문제이다. 내일 처음 만나게 될 나이 많은 선배나 어린 후배가 평생을 알고 지내고 싶은 좋은 사람일 수도 있다. 두 사람의 관계는 규정된 것이 아니라 함께 대학을 다니는 '학우'로서 두 사람이 앞으로 만들어 나가는 것이다.

〈처음에는 존칭과 존대로 시작하자〉

첫 만남은 매우 중요하다. 첫 만남에서 형성된 인상은 상당히 오래도록 사라지지 않기 때문이다. 첫 만남에 말을 건넬 때는 서로 존칭과 존대로 시작하자. 너무 당연한 이야기 같지만 가끔 처음 만나는 자리에서 상대가 자신보다 어리거나 후배라고 해서 '누구야' 하고 반말을 하는 경우를 볼 수 있었다. 당사자는 편해지기 위해서 그렇게 하는 것이라고 하지만 상대는 오히려 불편하게 생각할 수도 있다. 상대가 자신보다 어린 후배이거나 나이 많은 선배라면 더더욱 그렇다. 'OO 선배 안녕하세요?', '△△이 형 안녕하세요?'라고 예의를 갖추어 인사한다면 상대도 똑같이 대응해 주기 마련이다. 다시 말하지만 처음 만날 때는 나이가 적은 선배나 나이 많은 후배 모두 서로에 대해 긴장하고 있고, 상대가 자신을 무시하면 어떡하나 하고 걱정하고 있다. 먼저 대우해 준다면 상대도 경계를 풀고 당신을 똑같이 대우해 줄 것이다. 아니 그렇게 하지 못 할 이유가 없다. 호칭도 마찬가지다. 상대가 어리지만 선배이고 나이가 많지만 형이기에 선배라고 불러주고 형이라고 불러주는 것이다. 이것은 주도권 다툼도 아니고 미묘한 신경전을 벌일일 역시 아니다. 함께 생활하게 될 서로가 서로에 대해 지켜야 할 예의이다. 누가 먼저 대접해야 하는가는 중요하지 않다. 먼저 상대를 배려할 줄 아는 사람이 좀 더 성숙하고 용기 있는 사람일 뿐이다.

〈솔직하고 편안하게 대화하자〉

사실 높임말 문화가 우리말에만 있는 것은 아니다. 독일어에서 '너'에 해당하는 표현인 du에는 존칭에 해당하는 Sie와 같은 표현이 있다. 그러나 독일어에서는 친한 사람들끼리는 du를 처음 만나는 사람이거나 개인적인 사이가 아닐 경우에는 Sie를 사용한다. 실제로 독일 영화 같은 곳에서 보면 장교가 병사에게도 존칭을 사용한다. 그들에게 있어 존칭과 평칭은 개인적인 관계이냐 아니냐를 뜻할 뿐이지 높고 낮음과는 관계가 없다. 그리고 독일에서는 대학생들끼리 처음 보아도 모두 서로 du를 사용한다고 한다. 독일에서는 함께 공부하는 대학생들은 서로 편안하고 평등한 사이라고 생각하기에 그럴 것이다. 서로에 대해 오해하거나 경계하지만 않는다면 존중하는 가운데 편안하게 대화를 나눌 수 있다. 그리고 그러면서 앞으로 편안하게 이야기를 할지 아니면 계속 존댓말로 이야기할지 서로 합의 하면 되는 것이다.

진정한 달변은 여유에서 나온다.

- 노 대통령과 이준기의 대화 -

2005년 3월 23일 노무현대통령은 청와대 영빈관에서 '국민과의 인터넷 대화'를 열었다. 영화 '왕의 남자'의 주연배우로 한참 인기를 모으고 있던 이준기가 특별 패널로 참가하여 노 대통령에게 스크린 쿼터에 대한 질문을 던진 적이 있었다. 아래는 노대통령과 이준기의 대화를 그대로 기록한 것이다.

사회자 : FTA하면 말하면서 또 빼 놓을 수 없는 부분이 스크린쿼터 얘기 같아요. 그래서 이에 관한 질문은 실질적으로 이 문제를 피부로 있는 분이 계셔서 초대를 해서 질문을 드리도록 하겠습니다.

사회자 : 여러분들 왕의남자 보셨죠? 거기서 공길 역으로 열연했던 영화배우 이준기씨. 안녕하세요! 반갑습니다.

이준기 : 안녕하세요. 반갑습니다.

이준기 : 네 모 대통령께서도 마니 저기 방송이나 매체를 통해서 저희 영화계 쪽의 이야기를 많이 들으셨을거라 생각합니다. 모 저희는 일단 영화계에서는 뭐 방금 전에 말씀하신

것처럼 미국에 대한 굴복이 아니냐 압력이 아니냐로 해서 많은 불만을 얘기하고 있는데요. 직접적으로 대통령께서는 어떻게 생각하고 계시는지 그리고 생각하고 계셨는지 지금 어떻게 생각하시는지 그거에 대해서 먼저 듣고 싶습니다. (좌중 침묵)

노대통령 : 영화에서만 매력적인 줄 알았더니 실물 봐도 아주, 아주 거 잘생겼네요. (좌중 웃음)

사회자 : 뭘 질문하셨는지는 알아 들으셨죠? 지금 너무 실물에 빠지셔서 혹시 질문이 뭐였는지 잊어버리셨을까봐 하하.

노대통령 : 지금도 계속 손님이 들어옵니까? (좌중 웃음) 지난번에 그 기록 세웠다는데 까지 하고 보도를 못 봤는데 계속 관객이 늘어나고 있습니까?

이준기 : 네 꾸준히 늘고 있습니다.

노대통령 : 그것 어지간한 나중에 집에 가서 비디오 갖다놓고 또 보겠습니다.

노대통령 : 하여튼 축하합니다. 그 문제에 대해서 저는 이렇게 생각 합니다. 이 이준기씨. 공길씨 이럴 려다가 김공길인가 이공길인가 몰라가지고 이준기씨 미안합니다. 스타가 스타를 알아야하는데 (좌중웃음)

노대통령 : 그 우리 한국영화가 참 많이 발전했습니다. 발전했고요. 제가 딱 하나 이준기씨와 같이 생각하는 분들한테 물어

보고 싶은데…. 정말 자신 없습니까? 한국영화. 우리 영화시장에서 사오십 퍼센트의 점유율을 아주 나쁘게 봐서 사십 오십퍼센트 이상의 점유율을 지켜낼 자신이 없습니까? (웃음)

이준기 : 예 전 자신있는데요 다만 저의 기본적인 자국민 영화보호제도인 스크린쿼터 자체의 어떤 축소해 대해서는…. 저도 젊은 배우 입장에서 그냥 단순하게 생각할 수 있을 때는 저의 이 한국영화는 세계적으로 경쟁력이 있고 지금 저는 떳떳하게 할수 있는데 무슨 문제일까 생각했지만 다분히 쪼금 더 생각해 본다면 쫌 사실 쫌 많이 걱정이 되긴 해요. 사실 왜냐면 아직 경쟁력이라고 해봐야 미국 영화시장에 비해 너무나 작고 그런데 있어서 개봉을 하거나 이런 것에 있어서 물량공세나 이런 것에 있어서 다분히 저희가 열정을 가지고 노력해서 만든 영화들이 그런 압력에 의해서 스크린쿼터가 축소되는 압력에 의해서 그런 보여드릴 기회조차 없어진다면 관객여러분에 선택을 받기도 힘들거고 관객여러분들에게 더 좋은 영화를 만들 수 있을지 그런 걱정이 있는거죠.

노대통령 : 저는 이렇게 이해를 합니다. 실제로 자신이 없어서 그러기 보다는 미국한테 압력을 받아서 굴복하는거 아니냐 하는 자존심이나 불쾌감들이 실제로 이 반대 운동에는 많이 개입되어 있는 것 같습니다. 그게 더 크다고 생

각합니다. 우리가 자신이 없으면 보호를 해야겠지만 자신있으면 그 문제는 열고 자신 있게 당당하게 나갑시다. (이하 줄임) 문화 다양성이라든지 문화의 정통성이라든지 이것들은 다 문화가 서로 교류하는 가운데 지켜지는 것입니다. 교류하지 않은 문화는 전부다 망해 버렸습니다. 열어놓고 능동적으로 나가고, 자신있으면 가는겁니다. (이하 줄임) 저는 영화인들이 우리의 상영관에 우리 영화에 있어서 독립 예술 영화가 취약하니까 국가에서 보호 좀 해달라 이런 요구도 하시고 정부가 있어서 예술 영화를 상영할 수 있는 상영관을 확보해 달라든지 하는 식으로 이런 쪽으로 협상을 하고 가면 그럼 경쟁력을 키울수 있는 토대가 마련되지 않겠습니까? 정부에서도 지원을 하긴 해야하는데 어떻게 해야하는지… 몰라서 대화가 안됩니다. 우리로선 경쟁력을 뒷받침하기 위해 할일이 있습니다. 그런 방향으로 갑시다. 경쟁력을 내부적으로 키워나갑시다.

이준기 : 배우로서 열심히 좋은 영화 만들겠습니다.

당시 FTA 협상에 따른 정부의 스크린쿼터 폐지 움직임에 대해서 영화계는 반발하고 있었다. 영화배우들이 돌아가며 일인시위를 하고 있었고 이준기의 말처럼 대미 굴욕외교 라는 비난까지 낳았던 사안이었기 때문에, 이준기가 '미국에 대한 굴복이 아니냐?'는 논지로 노대통령에게 질문했을 때는 일순간 좌중에 정적이 흐르기도 했다. 하지만 노대통령은 여유가 있었다. 스크린 쿼터를 폐지하는 것은 미국에 대한 굴복이 아니냐 라는 이준기의 질문에 노대통령은 즉답 하지 않고 오히려 이준기에 대해 "실물로 보니 아주 잘생겼습니다.""기록을 세웠다는 보도를 봤는데 관객은 계속 늘고 있느냐?"등의 말로 칭찬과 관심을 표하였다. 노 대통령은 분위기는 부드럽게 하며 이준기가 경쟁력 있는 영화를 만든 것에 대해 잘했다고 칭찬하고 인정해준 가운데 반문했다. "(스크린쿼터 폐지해도)우리 영화시장에서 사오십프로 점유율 지켜낼 자신 없습니까?"이에 대해 이준기는 선뜻 "자신있다" 라고 대답했다 아니 그렇게 대답하지 않을 수 없었을 것이다. 그리고 이 순간 두 사람의 토론은 끝이 난 것이나 다름없다. 만약 노대통령이 "그게 어떻게 굴욕외교냐?"라고 반박하거나 "어쩔 수 없는것 아니냐" 라고 정부 측의 입장을 해명하려고 했다면 대화는 평행선을 달렸을 것이다. 위에 대본을 보면 알 수 있듯 노대통령의 말은 소위 '유수' 같은 달변은 아니었다. 하지만 부드럽고 여유 있는 그의 말은 이 대화에서 달변 이상의 효과를 보여준다. '부드러움이 강함을 이긴다' 라는 표현은 이런 때 적용되는 것일 것이다. 수사적으로 더 정교하고 유창한 말하기만을 구사하려고 노력하는 것보다 한 걸음 떨어져서 여유를 보이는 것 또한 좋은 말하기를 하는데 중요한 요소가 아닌가 하는 생각도 든다.

Part 4

다담과
토론대회의 자료들 양현모

1

다담 프로그램
자료집

의회식 토론세션의 취지

❶ 다양한 주제에 대해 주어진 시간 동안 대한 자신의 생각을 조리 있게 정리하여 이야기 할 수 있는 순발력과 논리적 말하기 구성 능력을 향상시킨다.

❷ 자신의 생각과 다른 입장에서 말하기 해보고, 상대편의 말하기를 경청함으로써 사고의 유연성을 기른다.

▶ 의회식 토론세션의 진행방식

1) 2인 1팀으로 두 팀을 정하고 남은 회원들은 심사위원 역할을 맡는다. 한 경기의 참가 조원은 참가자 4명 심사위원 3명의 7명을 최소 단위로 하되 세션에 참가한 회원 수에 따라 조를

편성한다.

2) 시작 20분 전에 추첨을 통해 뽑혀진 주제를 발표한다. 주제는 1주일 전에 주제를 담당한 사람이 뽑아오도록 한다.

3) 팀끼리 추첨을 통해 주제에 대한 찬반을 나눈다.

4) 팀으로 배정된 사람들은 주제에 대해 20분간 팀끼리 숙의하여 내용을 구성한다. 기다리는 시간 동안 심사위원들은 한곳에 모여서 1분 주제 스피치를 진행한다.

5) 의회식 토론 진행 순서에 따라 토론을 진행한다.

토론 순서와 시간은 다음과 같이 진행된다.

① 정부측 첫 번째 토론자(국무총리) 입론 ………… 5분

② 야당측 첫 번째 토론자(야당대표) 입론 ………… 5분

③ 정부측 두 번째 토론자(부총리) 입론 …………… 5분

④ 야당측 두 번째 토론자(원내대표) 입론 ………… 5분

⑤ 야당측 첫 번째 토론자(야당대표) 반론 ………… 3분

⑥ 정부측 첫 번째 토론자(국무총리) 반론 ………… 3분

6) 각 토론자의 입론 중에 상대측에서는 손을 들어 질문 의사를 표시할 수 있다. 입론자는 자신의 상황에 따라 질문을 받거나 받지 않을 수 있으나, 총 입론시간 동안 최소 1회의 질문은 받아야 한다. 질문을 상대방의 입론 시작 1분 뒤부터 입론 종료 1분 전까지의 시간에만 할 수 있다.

7) 심사 위원 역할을 맡은 회원들은 입론과 반론에 대해 듣고 발표자들의 스피치에 관한 의견 및 평가표를 작성 해준다.

8) 승패 투표는 비밀 투표로 심사위원 1인 1표씩 행사하여 회장에게 제출하며 결과는 그 날 저녁 커뮤니티에서 공지한다. 발표 후 1일 뒤 결과는 삭제한다.

9) 토론하는 모습을 캠코더로 촬영하여 영상자료실에 올려서 회원들이 자신이 말하는 것을 직접 보고 들을 수 있게 한다.

1분 스피치의 취지

주어진 주제 또는 질문에 대해 즉석에서 간단한 발표와 답변을 하는 경험을 통해 순발력과 듣기 및 이해 능력, 질문 능력, 답변 구성 능력을 향상시킨다.

▶ 1분 스피치의 종류와 진행방식

1. 주제 스피치

1) 세션이 시작되면 참가자 중 한 사람이 단어 하나를 정한다.

2) 단어가 선택되면 선택된 순간부터 동시에 내용 구성시간 1분을 준다.

3) 주어진 단어에 대해서 자신이 생각하고 연상한 내용을, 단어를 낸 사람 오른쪽 사람부터 차례대로 1분씩 발표한다.

2. 인터뷰 스피치

〈 진행방식 〉

1) 회원들은 서로에게 인터뷰를 한다고 생각하며 질문을 정한다

2) 질문자가 답변자에게 질문을 한다.

3) 질문의 방식은 회원들이 돌아가며 다음 사람에게 질문을 하는 방식이다.

4) 질문을 받은 회원은 5초간 생각할 시간을 가지고 1분 안에 질문에 맞는 답변을 자유롭게 한다.

5) 회원들의 답변에 대한 의견이나 추가질문에 대한 생각을 공유한다.

- -

상황 스피치의 취지

실제로 개인 간의 커뮤니케이션에서 나타날 수 있는 다양한 상황들을 연습공간에서 접해본다. 상황에 고민과 연습 상호 피드백을 통해서 보다 나은 커뮤니케이터가 될 수 있도록 연습해본다.

- -

▶ 상황 스피치의 진행방식

1) 세션이 있기 전에 회원들은 분담하여 실제 상황과 비슷한 내용의 가상 상황을 준비해 온다. 준비해 오는 가상 상황은 실제 상황에서 여러 면으로 고려할 수 있도록 자세한 것이어야

한다.

2) 준비되는 가상 상황에는 전체 상황과 개인 상황이 있다. 전체 상황은 상황의 배경이 되는 것으로 참가한 모든 사람이 공통적으로 알게 되는 것이고, 개인 상황은 참가자마다 다르게 받게 되고 서로 알 수 없다. 개인 상황은 '개인목표'와 그 사람이 처한 '개인적인 입장'으로 나뉘어진다.

3) 세션에 참여하는 사람들은 전체 상황과 개인 상황에 대한 종이를 받고 5분 정도 생각할 시간을 가진 뒤에 상황스피치에 들어간다.

4) 참여자들은 제시된 전체상황의 범위 내에서 상황에 맞도록 자신이 받은 개인 상황을 고려하면서 부여받은 목표를 달성할 수 있도록 말하기를 한다.

5) 대화가 끝나면 전체 회원들이 서로의 내용에 대해서 피드백을 하고 평가를 한다.

6) 회원들이 상황스피치를 한 후에는 그 날 나온 상황들 중, 인상 깊은 상황들 몇 가지를 함께 골라서 앞에 나온 논평들을 바탕으로 다시 해본다.

시사 브리핑의 취지

시사성이 있는 주제를 선정, 자료를 수집하고 구성하여 발표를 하는 활동을 통해, 하나의 사안을 바라보는 여러 가지 비판적인 시각을 접해보고 자신만의 입장을 정리해 볼 수 있는 기회를 갖는다.

▶ 시사브리핑의 준비와 진행 방식

1) 한 달 전에 구성된 3~4명의 시사브리핑 팀원들이 자체적인 토의를 거쳐 시사성이 있는 주제를 선정하고, 언론이나 인터넷, 참고문헌 등을 통해 자료를 수집하여 나머지 회원들이 선정된 사안에 대해 대략적인 이해가 가능한 수준의 발표를 구성한다.

2) 시사브리핑 팀은 20분의 발표를 통해 회원들에게 대략적인 정보를 전하고, 20분간의 질의응답과 평가를 거쳐 상호간 확실한 이해가 가능하도록 한다.

3) 찬반에 따라 찬성 반대 각2개의 조로 나눈 뒤 20분간의 숙의 후, 발표된 사안에 대한 토론을 진행한다.

4) 두 개의 조에 토론의 방식은 각 찬성 반대 팀이 마주보고 앉아서 1인당 2분씩 발언하는 형식으로 한다.

3분 스피치의 취지

실제로 입사 면접에서도 활용되고 있는 3분 스피치는 자신의 생각을 듣는 이에게 전달하되, 말하기의 짜임새에 좀 더 중점을 두어 효과적인 말하기를 할 수 있도록 연습하기 위한 과정이다. 특히, 즉흥적인 주제와 짧은 시간에 많은 내용을 전달해야 하는 '1분 스피치'가 말하기의 순발력을 요구한다면, 이와 달리 '3분 스피치'는 발표자에 의해 이미 말하기의 주제와 목적이 설정되어 있고 상대적으로 긴 시간이기에 말하기의 구성 능력이 요구된다.

▶ 3분 스피치의 진행방식

1) 1주 전에 운영진에 의해 주제와 목적이 설정된다.

   ex) 자유주제로 설득하기. 여름방학에 대한 자유말하기 등등.

2) 이에 대해 모든 발표자들은 1주일간 말하기의 구성에 초점을 맞추어 좀 더 효율적인 말하기가 될 수 있도록 준비한다. (단, '3분 스피치'가 형식적인 발표나 조사하기는 아니므로 3분간 말할 내용을 모두 스크립트에 적어오는 것은 금지한다.)

3) 세션날 참가한 회원의 수에 따라 한 그룹당 10명 이하가 되도록 조를 나눈다.

4) 회원들은 각각 자신이 준비해온 3분 스피치를 하고, 나머지 사람들은 그 스피치에 대해 청취 의견표를 작성하여 발표자에게 준다.

5) 그룹의 발표가 모두 끝나면 쉬는 시간을 갖고, 사람들이 섞이도록 그룹 조정을 한 뒤 평가표에 나온 이야기들을 참조하여 같은 주제로 3분 스피치를 다시 해본다.

독서 토론의 취지

1. 좋은 책을 읽음으로써 독서자체가 갖는 효용을 가질 수 있다.
2. 책을 읽고 생각해볼 문제에 대해 다른 사람들과 의견을 나눈다.

▶ 독서 토론의 진행방법

1) 지난회 독서 토론의 발제자에 의해 바로 발제자가 선정되고 독서 토론 2주일 전에 책을 선정하여 발표한다.
2) 참여자들은 모두 지정한 책을 읽어오는 것을 원칙으로 한다. 토론이 가능하도록 책을 읽지 않은 회원에게는 벌금 4, 000원이 부과된다.
3) 발제자 외의 참가자들도 각자 책에 대해 이야기하고 싶은 문제를 생각해와서 이야기 할 수 있다.
4) 두 사람 이상이 발제하는 것을 권장한다. 발제자는 자신이 토론하고자 하는 문제를 간단히 정리해 발제문을 만들어온다.
5) 모두 모인 자리에서 발제자들은 발제문을 발표하고 추첨을 통해 6~8명 정도의 조와 사회자를 정한 뒤 토론을 진행한다.

6) 토론의 방식은 자유토론으로 하되 사회자에게 발언권을 얻어 발언하도록 하고 사회자는 토론을 조정할 권리를 갖는다.

〈 오감만족 스피치 〉

오분만에 감동하고 만족하는 스피치

오감만족 스피치의 취지

심도있는 지식을 단시간 내에 효과적으로 전달하기 위한 말하기 연습으로 고안된 것이 바로 오감만족 스피치이다. 화자는 전문적인 지식을 그 분야에 익숙치 않은 대중들에게 정해진 시간에 맞춰 효율적으로 정보를 전달할 수 있는 능력을 계발할 수 있으며 여기에 더하여 청중들 중 지목당한 사람이 재발표 하는 형식을 취함으로써, 청자는 타인의 말을 주의 깊고 정확하게 듣는 훈련을 할 수 있다.

▶ 오감만족 스피치의 진행방법

1) 세션이 이루어지기 1주일 전 오감만족 스피치를 준비하기로 한 회원이 전공 지식 등의 심도 있는 지식을 전달할 수 있는 주제에 대한 5분 분량의 말하기를 준비한다.
2) 오감만족 스피치의 목표는 복잡한 주제를 쉽게 설명하는데

있음으로 사진이나 PPT 등을 사용하는 것은 가급적 지양하
도록 한다.
3) 정규세션의 일부 시간을 할애하여 미니세션을 열고 5분의
발표를 한다.
4) 발표가 끝난 뒤에는 간단한 질의 응답시간을 가진다.
5) 질의 응답시간이 끝나면 발표자가 청중들 중 한명을 지목하
여 그 사람에게 발표자가 발표한 내용을 재발표하는 시간을
가진다.

2
CEDA 토론의 방법

CDEA(Cross Examination Debate Association) 형식

〈CEDA토론이란?〉

CEDA토론은 미국의 전국토론대회 방식에 교차 질문이 추가된 형식이다. 이 방식은 미국 대학 간 토론대회에 널리 쓰이고 있는 방식이며, 현재 우리나라에서 이루어지고 있는 토론대회 상당수 역시 이 방식을 채택하고 있다. CEDA방식은 2인이 한 조를 이루어 진행된다. CEDA토론은 입론, 교차조사, 반박의 세 부분으로 구성되는데 각 토론자는 발언 순서에 상관없이 이 세 가지를 모두 한 번씩 경험하게 된다.

▶ CEDA토론 진행 순서

찬성측 첫 번째 토론자의 입론 ····························· 6분

반대측 두 번째 토론자의 교차조사 ····················· 3분

반대측 첫 번째 토론자의 입론 ····························· 6분

찬성측 첫 번째 토론자의 교차조사 ····················· 3분

찬성측 두 번째 토론자의 입론 ····························· 6분

반대측 첫 번째 토론자의 교차조사 ····················· 3분

반대측 두 번째 토론자의 입론 ····························· 6분

찬성측 두 번째 토론자의 교차조사 ····················· 3분

반대측 첫 번째 토론자의 반박 ····························· 4분

찬성측 첫 번째 토론자의 반박 ····························· 4분

반대측 두 번째 토론자의 반박 ····························· 4분

찬성측 두 번째 토론자의 반박 ····························· 4분

숙의 시간 각 토론자의 발언 후 사용 가능하며 각 팀당 5분

입론이나 반박 교차조사의 정확한 시간은 대회 논지의 성격에 따라 달라질 수 있으나, 2004, 2005년에 국내에서 있었던 대회들은 위와 같은 시간 배분을 사용하여 진행되었다.

▶ CEDA 토론의 각 부분에 대한 설명

★입론 : 입론은 논제에 대해 각 토론자들이 자신의 입장에 관하여 근거를 들어 주장을 펼치는 시간이다. 찬성 측 첫 번째 토론자의 입론 같은 경우는 논제에 등장하는 주요 개념들에 대해서 바르게 정의하고 논의를 한정짓는 것이 필수적이다. 또한 반대 측 첫 번째 토론자의 입론은 찬성 측의 개념정의가 올바르지 못한 것에 대해 이의를 제기할 수도 있다. 그리고 교차조사나 반박 시간을 통해서도 자신들 주장에 대한 근거를 이야기 할 수 있지만 새로운 주장을 펼치는 것은 입론 시간에만 가능하다. 또한 부정 측 첫 번째 입론부터는 상대방의 입론이나 교차조사에 대한 반론 또한 가능하다.

★교차조사 : 교차조사는 상대편 입론시 보여졌던 논리의 취약성이나 모순점에 대해 질문의 형식으로 공박하는 시간이다. 교차조사 시간에 이루어지는 내용은 이전 토론자의 입론에 한정된 것이어야 한다. 교차조사를 받은 상대방은 그에 대해 답을 할 의무와 권리가 있으며, 질문자는 답변이 3분 이상으로 길어지는 경우 중단하고 다음 질문을 계속 할 수 있다. 교차조사 시간은 3분으로 상대적으로 짧지만 토론대회에서는 이를 통해 승패가 가려지기도 하는 상당히 중요한 시간이기도 하다.

★반박 : 반박시간은 토론 후반부에 부정 측부터 각 토론자가 모두 차례대로 한 번씩 가지게 된다. 반박 시간에는 앞에서 한 자신들의 입론을 보강 및 정리하고 상대측이 제기한 문제에 대해 보충적인 답을 하며, 또한 이전까지 제기된 상대방 주장에 대한 반론을 펴게 된다. 다만 유의해야 할 점은 앞에서 언급하지 않은 새로운 주장을 반박 때 처음으로 펼칠 수 없다는 것이다. 왜냐하면 반박시간에 새로운 주장을 펴게 되면 상대편은 그에 대한 논박이나 반론을 할 기회가 없기 때문이다.

★숙의시간 : 숙의시간이란 토론 중간에 각 팀이 잠시 중단을 요청하는 것으로 운동경기에서 작전타임과 같은 개념이라고 보면 된다. 다만 이 요청은 자신이나 상대방의 발언 도중에 할 수는 없고 상대 측의 발언이 끝나고 자신이 발언하기 전에만 요청할 수 있다. 교차조사나 반박시간 전에 숙의시간을 사용하여 말을 하기 전에 자기주장을 정리할 시간을 갖게 된다. 숙의시간은 대회의 규정에 따라 달라질 수 있는데, 5분을 1분 단위로 나누어 사용하는 룰을 쓰기도 하고, 어떤 발언 후에 숙의시간 몇 분을 갖는 식으로 사전에 정해져 있기도 하다.

3
직파 토론 방법

〈직파토론이란?〉

　직파토론 방식은 CEDA 토론 형식을 일부 변형한 것으로 전남
대학교의 '화술의 이론'이란 수업에서 토론 실습을 하기 위해 사
용되던 토론 방식이다. 이 방식은 국립국어원이 주최한 제 1회 전
국국어대회, 전국 토론왕 선발 대회에서 쓰였으며, 교차조사 대신
에 약 15분간의 자유논박 시간이 있는 것이 특징이다. 직파토론
방식은 2인 1조로 진행되는데, 두 토론자 모두 논박과 답변은 동
일하게 하나, 제1토론자는 기조주장을 하고 제2토론자는 주장 정
리를 나누어 맡게 된다는 차이점이 있다.

▶ 직파토론 진행 순서

단계	구성	시간	누적 시간
논제 설명	토론자 소개 토론 규칙 소개	3분	3분
기조 주장	긍정 팀 제1 토론자의 기조 주장 부정 팀 제1 토론자의 기조 주장	각 5분	13분
논박 1	부정 팀 제2 토론자의 논박 긍정 팀 제1 토론자의 답변	1분 2분	16분
논박 2	긍정 팀 제2 토론자의 논박 부정 팀 제1 토론자의 답변	1분 2분	19분
작전 시간	주장 및 논박 쟁점 사항 정리	3분	22분
논박 3	긍정 팀 제1 토론자의 논박 부정 팀 제2 토론자의 답변	1분 2분	25분
논박 4	부정 팀 제1 토론자의 논박 긍정 팀 제2 토론자의 답변	1분 2분	28분
작전 시간	주장 및 논박 쟁점 사항 정리	3분	31분
자유 논박	긍정 팀과 부정 팀이 자유롭게 교차하면서 논박하고 답변함 (사회자는 토론자들이 같은 쟁점을 되풀이 하지 않도록 하는 등의 토론의 원활한 진행을 위해서만 개입하도록 한다.)	14분	45분
정리	부정 팀 제2 토론자의 주장 정리 긍정 팀 제2 토론자의 주장 정리 사회자의 마무리	2분 2분	1분50분

▶ 직파토론 각 부분들에 대한 설명

기조주장 : 기조주장은 각 팀의 제 1토론자들이 논제에 관한 자기 팀의 입장에 대한 주장과 근거를 펼치는 시간이다. 단 직파토론에서의 기조주장 시간은 총 5분으로 세다 토론(각 토론자마다 6분씩 12분)이나 의회식 토론(각 토론자마다 7분씩 14분)에 비해 짧다. 특히 긍정측의 경우는 논제의 배경을 설명하고 단어 정의 및 논의를 한정하다 보면 3가지 주장을 펼치기에도 시간이 부족한 감이 있다. 그러므로 직파토론에서의 기조주장은 다른 토론의 입론보다 간결하고 명료한 형태로 준비되어야 하며, 부수적이거나 세부적인 근거를 기조주장에 포함시키기 보다는 토론 후반부에 주어지는 14분간의 자유논박 시간을 활용하는 것이 좋다.

논박과 답변 : 직파토론 방식에서는 각 팀의 논박과 답변이 팀 단위로 교차되지 않고 바로 이어진다. 논의 1에서 맨 처음으로 제기되는 부정측 2토론자의 논박에 대해 긍정측 1토론자가 답변한 뒤에 숙의시간 없이 바로 긍정측 2토론자가 논박을 하게 된다. 그러므로 긍정측 2토론자는 긍정측 1토론자가 답변을 하는 동안 그에 맞추어서 논박을 준비해야 하며, 마찬가지로 논의 3에서 부정측 또한 2토론자가 답변하는 사이에 1토론자는 바로 논박할 준비를 해 두어야 한다. 논박과 답변은 각각 1분과 2분

으로 주장하고 답하기에는 충분한 시간이 주어지는 편이다. 그러나 논박시간 이전에 작전시간이 주어지지 않고 답변 후 바로 논박하는 순서로 토론이 진행됨으로 같은 팀 토론자가 답변을 하는 동안, 답변을 하지 않는 토론자는 상대팀의 논박과 같은 팀의 답변을 동시에 들으며 다음 순서에 바로 이어질 자신의 논박을 준비해야 한다.

자유논박 : 자유논박 시간은 직파토론 방식에만 있는 매우 역동적인 시간이라 할 수 있다. 자유논박 시간에는 시간이나 발표 순서의 제한이 없음으로 그동안 나왔던 주제들에 대한 자신들의 입장을 자유롭게 주장할 수 있다. 그리고 이 시간은 사실상 토론의 마지막 부분임으로 자기 팀의 주장을 최대한 부각시키기 위한 모든 근거를 다 사용하는 것이 좋다. 주의할 점은 두 팀이 모두 특정한 논점에 대해서만 계속 집착하게 되면 서로 좋은 토론이 이루어지기 힘들다. 실제 대회 예선전에서는 자유토론 시간에 풍부한 논의가 이루어지지 못하고 특정한 논점을 가지고 힘겨루기를 하는 경우가 종종 있으나, 본선 이상 올라가게 되면 각 팀들 모두 충분한 준비가 되어 있어서 다양한 부분에 대한 토론이 이루어지는 모습을 볼 수 있다.

4
토론대회 수상입론

국립국어원 주최 제1회 전국 국어대회,
토론왕 선발대회 수상 기조주장 전문

주제 : 교육비용, 국가가 부담해야 한다

〈긍정측 입론〉 - 5분

　안녕하세요? 오늘의 논제인 '교육비 국가가 부담해야 한다'의
긍정측을 맡은 고운누리 팀 첫번째 토론자 양현모 입니다.
　토론을 시작하기 전에 저희 긍정측에서는, 오늘의 논의가 보다
발전적인 방향으로 나아갈 수 있도록, 논제의 주요 단어인 '교육

비'에 대해 정의해보고자 합니다. 교육비에는 공교육비와 사교육비가 있습니다. 이 중 사교육에 드는 비용은, 개인이 자신의 선택에 따라 대가를 지불하는 것이기에 분명히 개인의 몫입니다. 그러므로 저희 긍정 측에서는 오늘의 논제에 '교육비'를 학교교육으로 대표되는 공교육에 드는 비용으로 정의하고자 하고, 그것을 제안합니다.

18세기 계몽철학자인 콩도르세는, 인간은 모두 동등한 권리를 가지고 있다는 프랑스 혁명의 기본이념에 기초하여, 공교육의 이념인 평등을 주장하였습니다. 이 주장은 '공교육조직 법안'으로 구체화 되었고, 이후 근대에서 현대에 이르는 교육제도를 확립하는 밑바탕이 되었습니다. 이러한 공교육의 기본 이념을, 교육제도를 통해 실현하는 핵심적 요소는, 바로 국가가 교육에 필요한 비용을 부담하는데 있을 것입니다.

저희 긍정측에서는 국가가 교육비를 부담해야 하는 이유에 대해 '당위적인 측면'과 '현실적인 측면'으로 나누어 말씀드리겠습니다.

먼저 당위적인 측면에서 국가가 교육비를 부담해야 하는 첫번째 이유는, 국민에게 교육받을 권리가 있기 때문입니다.
우리의 헌법 31조의 1항은 '모든 국민은 능력에 따라 균등하게 교육을 받을 권리를 가진다'라고 명시하고 있습니다. 여기서 말하는 교육을 받을 권리라는 것은 학습권으로써, 교육을 받을 수 있도록 국가에적극적인 배려를 요구할 수 있는 권리입니다. 그러므로 이 권리는 국가가 교육에 필요한 재정과 시설, 제도 등을 실질적으로 갖추어줌으로서 보장될 수 있습니다.

두번째로 교육비를 부담하여 평등한 교육을 보장하는 것은 국가의 의무기도 합니다.

우리의 헌법은 교육에 대해 국민의 권리의 부분뿐 아니라 국가의 의무에 대해서도 규정하고 있습니다. 헌법 31조 6항에 언급된 것처럼 교육제도운영과 교육재정에 관해서는 법률로 정하여 실효성을 갖도록 하고 있습니다. 즉 다시 말해서 국가는, 사회 경제적 약자도 능력에 따라 실질적 평등교육을 받을 수 있도록, 교육비 부담과 같은 적극적인 정책을 실현해야할 의무가 있다는 것입니다.

그러나 현재 우리 국가가 부담하는 교육비 비율은, 다른 나라들과 비교해 볼 때 상당히 낮은 편입니다. OECD 교육지표에 따르면 2002년 한국의 국가부담 공교육비는 GDP 대비 4.2퍼센트로, 이는 OECD국가들의 평균인 5.1프로에 비해 가장 낮은 수준에 속합니다.(또한 이는 4.6퍼센트를 부담하고 있는 비OECD 국가인 태국보다도 교육비의 국가 부담율이 낮다는 것을 의미합니다.)

다음으로 현실적인 측면에서 교육비를 국가가 부담해야 하는 첫번째 이유는, 교육에 양극화로 인한 사회계층의 고착화를 막기 위해서 입니다.

현재 경제적인 부분에서뿐 아니라 교육의 영역에서도, 부자와 빈자간에 양극화가 일어나고 있습니다. 전국 고등학교 2학년에 재학 중인 저소득층 학생 1189명을 대상으로 조사한, 올해 국정감사 보고서에 따르면, 이 저소득층 학생들의 성적은 영어의 경우 약4점, 수학의 경우 평균적으로 약5점 이상 낮게 나타나고 있습니다. 이처럼 사회 집단의 소득격차는 교육격차로 연결되고 있고 교육비의 국가 부담이 상대적으로 열악한 현실에서는 이 격차를 좁히기는 어렵습니다. 그러므로 이처럼 교육격차로 인해 사회계층이 고착화 되는 것을 막기 위해 국가는 교육비를 부담해야 합니다.

두번째로 국가가 교육비를 부담하는 것은 사회를 안정시키는데도 도움이 됩니다.

한국인들은 세계적으로 높은 교육열을 가지고 있습니다. 그 이유는 경제적으로 열악한 처지에 있는 사람이라도, 교육을 통해 성공할 수 있다는 사회적인 믿음이 있었기 때문입니다. 그런데 현재와 같은 교육적 불평등이 더 심해져서 교육기회의 균등이 사라진다면, 한국인들은 불평등의 원인을 사회구조로 돌리고 불만을 품게 될 것입니다. 이러한 사회에 대한 불만이 계속 쌓이게 되면, 다른 계층에 대한 적대감으로 나타나고, 계층 간의 갈등과 반목이 일어나 사회의 안정을 위협하는 불안 요소가 될 것입니다. 그러므로 국가가 교육비를 부담하여 계층 간의 교육격차를 줄여주는 것은 사회를 안정시키는데 도움을 줄 수 있습니다.

지금까지 저는 교육비를 국가가 부담해야 하는 이유에 대해 국민의 권리이자 국가의 의무라는 당위적인 면과, 교육 양극화의 해소와 사회 안정의 기여라는 현실적인 면을 들어 말씀드렸습니다.
이러한 이유로 저희 긍정측은 교육비를 국가가 부담해야 한다고 생각합니다.
감사합니다.

〈부정측 입론〉 - 5분

안녕하세요? 오늘의 주제인 '교육비, 국가가 부담해야 한다'의 부정측을 맡은 고운누리팀 첫번째 토론자 양현모 입니다.

철학자 헤겔은, 인류역사를 자유의식의 발전사라 했습니다. 그러나 저희는, 인류역사를 교육의 발전사로 말하고 싶습니다. 왜냐하면 교육은 자유의식을 발전시킬 뿐 아니라 사회 현실도 반영하기 때문입니다. 교육의 형태는 시대의 요구와 사회적인 필요성에 의해 변화되어 왔습니다. 사회가 농업사회에서 산업사회로, 산업사회에서 다시 현대의 지식 정보사회로 변해감에 따라, 교육체계는 달라져 왔고, 현대 사회에서의 교육은, 그 필요한 인재를 길러내기 위해 다양성과 자율성을 요구받고 있습니다.

저희 고운누리팀에서는 교육비를 국가가 전적으로 부담해서는 안된다고 생각합니다. 그 이유에 대해 저희는 크게 세 가지 근거를 들어 말씀드리겠습니다.

첫번째로 교육의 다양한 선택권 보장을 위해, 교육비를 국가가 전적으로 부담해서는 안됩니다.

현대에 필요한 교육은 과거처럼 국가주도의 획일화된 교육이 아니라, 다양한 선택권을 제공하는 교육입니다. 새로운 지식이 끊임없이 확대 재생산되고 여러 가치관이 공존하는 현대에서, 다양한 교육에 대한 요구는 점점 높아졌고, 이것은 대안교육이나 특성화 교육에 대한 관심으로 나타나고 있습니다. 대표적 대안학교인 간디학교의 교과과정을 보면 세 개 이상 자립교과과목을 선택할 수 있게 하고 있고, 마흔 개 이상의 특기적성 교과과정을 개설하였습니다. 또한 자립형 사립고인 해운대고는 국민공통기본과정에 더하여 보통교과의 일부를 전문 교과로 편성하여, 재량활동을 강화하고 있습니다. 이러한 대안교육과 특성화교육을 하기 위해서는, 국가가 전적으로 비용을 부담하는 체제가 아니라, 개인들의 교육비 부담을 통한 자율성 확립이 필요합니다. 그리고 현재도 그런 형태로 이루어지고 있습니다.

두번째로 교육비를 국가가 부담하는 것은, 교육에 있어 부작용을 가져올 수도 있습니다.

1970년대부터 대학 완전 무상교육을 해왔던 독일은, 다시 수업료를 도입하고 있습니다. 무상교육이 이루어진 후 독일에서는 대학생이 급증하여, 교원1인당 학생 수가 과거 약10명 이하에서 현재 약35명까지 늘었습니다. 이는 곧 독일학생들이 과거와 같이, 교수님들과 개별적인 학문적 접촉을 할 수 있는 기회가 줄어들었음을 의미합니다. 뿐만 아니라 교육에 필요한 제반시설도 과거에 비해 상당히 부족해졌습니다. 이처럼 무상교육은 각종 부작용을 나아 독일 대학의 교육여건을 악화시키는 요인으로 작용하고 있습니다

마지막으로 한국의 국가 재정으로 볼 때, 국가가 현재보다 더 많은 교육비를 부담하는 것은, 현실적으로 굉장히 어려운 일입니다.

2004년 우리나라의 GDP대비 국가재정규모는 27.3%로, OECD 평균인 40.8%에 크게 못 미치고 OECD국가들 중, 작은 정부를 추구하는 미국의 재정규모 36%와 비교하여도, 훨씬 낮은 수준입니다. 이렇게 다른 국가에 비해 분명히 적은 재정규모에서도 2005년 우리 정부는 총 예산인 131조 5천억원의 약 5분의1에 해당하는

25조9400억원을 교육부 예산으로 책정하고 있습니다. 이것은 11조 1800억원을 투자하는 산업분야 지원보다 두배나 많고, 27조5천억원을 투자하는 도로 항만 등의 사회 간접자본 투자와 비슷한 수치입니다.

결국 현재 우리나라의 국가 재정으로는, 교육비 부담을 더 이상 늘릴 수 없고, 교육비 부담만을 목표로 무리하게 세금을 올렸다가는 조세저항에 부딪치게 될 것입니다. 즉 교육이 개인에게는 미래를 위한 투자의 일부라고 하지만, 국가의 차원에서는 그것만을 위해 현재의 경제구조나 사회기반을 포기할 수 없기 때문입니다.

지금까지 저는 국가가 교육비를 부담해서는 안 되는 이유에 대해서 첫째 학교교육의 다양화, 두번째 교육에서 나타날 수 있는 부작용, 마지막으로 국가교육비 부담의 비현실성이라는 세 가지 근거를 들어 말씀드렸습니다.

감사합니다.